DÉ-MON

le héron d'argent
ÉDITIONS

Couverture : Diren Yardimli
Mise en page de l'intérieur: J. Robin Agency
Correctrice : Julie Provot

Collection Imaginaire
Gérante et directrice de collection : Vanessa Callico
Directrice éditoriale : Marie Lorge
Coordinatrice éditoriale : Mathilde Cabon-Ollivier

ISBN : 978-2-38618-057-6
ISSN : 2418-2834
Dépôt légal : juin 2025

Tirage N°1

SARL Le Héron d'Argent
27 rue de la Guette, 77210 Samoreau

Instagram : @editionsleherondargent
TikTok : @editionsleherondargent
Facebook : Éditions Le Héron d'Argent
Site internet : www.editions-leherondargent.com
Mail : contact@editions-leherondargent.com

NEGAN STRAM

DÉ-MON

Le héron d'argent
ÉDITIONS

AVERTISSEMENT

Cher lecteur, chère lectrice,

Le jeu Dé-Mon est un loisir cruel et sans pitié, dans lequel vous devrez vous confronter à des thèmes difficiles :

- Morts violentes
- Mutilations explicites
- Actes de torture
- Scènes de sexe explicites
- Viols
- Violences envers des enfants
- Pensées suicidaires
- Grossophobie

Ces mots peuvent résonner profondément en vous, réfléchissez donc bien avant d'entamer votre partie de Dé-Mon...

J'ai créé le Dé-Mon, car je crois avec candeur et folie
qu'il peut changer les mentalités pour que nous vivions
dans un monde de paix.

PROLOGUE

Trente-cinq ans plus tôt…

Charles Delmore rentra du travail plus tard que d'habitude. Neurologue, il avait décidé d'ouvrir son propre cabinet afin de casser la routine qui s'était installée dans la clinique où il avait exercé une bonne partie de sa vie. Le médecin entra dans son chalet, situé en face du mont Blanc. Avant de refermer la porte, il regarda les montagnes. Fortes, imposantes, elles étaient les reines de la beauté naturelle. Leur beauté était-elle immortelle ? Charles en doutait au vu des excentricités humaines, qui les détruisaient pour satisfaire leurs caprices. Il avait grandi dans cette région agreste et, pourtant, il ne s'habituait jamais à ces paysages mystérieux, à ces odeurs enivrantes, à ces montagnes qui le faisaient se sentir subitement inférieur. Avec son épouse, ils avaient fui la promiscuité pour vivre au pied des montagnes, seuls avec leurs jumelles de seize ans, Zara et Perle, qui soupiraient dès qu'elles devaient se déplacer à vélo pour rejoindre la ville, leurs amis, la vie mouvementée.

Charles referma la porte. Une odeur de fondue réveilla son estomac. Il adorait le vendredi soir. Synonyme de détente, d'apaisement et de moments familiaux.

— Te voilà enfin ! Le dîner est prêt.

Charles retira sa parka.

— L'une de mes patientes avait besoin d'être rassurée au sujet de ses problèmes neurologiques.

— Rien de grave ? se soucia sincèrement Catherine.

— Rien de grave.

Charles sourit en s'installant à table. Catherine appela ses filles. Les jumelles s'attablèrent en parlant du jeu de dé nommé Dé-Mon.

— Vasile a sorti sept fois le chiffre trois. Dommage qu'au huitième lancer, son dé ait affiché deux. Un peu plus, et nous aurions vu le Démon, répliqua Zara à sa sœur.

Perle ne croyait pas à cette légende circulant autour de ce jeu, mais elle était bien trop délicate pour révéler à Zara le fond de sa pensée.

Catherine soupira.

— Zara. S'il te plaît, cesse de croire à ces âneries. Surtout devant ton père.

— Vous ne connaissez même pas la légende ni la finalité de ce jeu.

Charles se racla la gorge.

— Oh si ! Nous la connaissons. Du moins, je la connais, corrigea Charles en jetant un regard à sa femme.

— C'est quoi ? le défia Zara.

— Si vous sortez huit fois d'affilée le chiffre trois au lancer de dé, le Démon se manifeste. On raconte que celui-ci apparaît sous une forme humaine, vêtu d'une combinaison d'un noir opaque qui lui recouvre tout le corps. Il donne alors à chaque joueur un dé que celui-ci devra lancer tous les jours sans exception. Selon le chiffre sur lequel le joueur tombera, il devra effectuer une action choisie par le Démon. S'il n'obéit pas à ses ordres, il meurt.

Les révélations de Charles fascinèrent Zara, dont le regard brillait.

— Comment tu sais tout ça, Pa ? interrogea Perle.

— Quand j'étais étudiant en médecine, ma voisine de chambre, Rachel Lobe, ne cessait de lancer son dé à longueur de journée. Un soir, elle a fêté ses vingt-trois ans en compagnie de deux étudiantes. Ce qui a étonné tout l'étage, puisqu'aucun de nous ne connaissait d'amis à cette fille. D'ailleurs, j'avais été très étonné qu'elle se trouve dans une filière médicale. Elle était tellement introvertie, sans parler de sa tenue gothique, qui effrayait la moitié des étudiants. Elle était le portrait physique et mental de Mercredi Addams.

— Papa, accouche ! le pressa Zara, à laquelle les paroles de son père n'avaient pas coupé l'appétit.

— Bref, ce soir-là, elle a joué avec ses deux amies, tout aussi bizarres qu'elle, au Dé-Mon. L'une d'elles est parvenue à sortir le chiffre trois huit fois d'affilée. Des hurlements de joie ont résonné dans la chambre. J'entends encore leurs cris. Puis, soudain, le silence absolu. Vingt minutes plus tard, les trois étudiantes sont sorties de la chambre, terrifiées. L'une d'elles, Madeleine, je crois, ou Madeline, bref, se tenait contre le mur, en pleurs. Ses larmes coulaient à flots. Elle était tellement pétrifiée qu'elle s'était urinée dessus. L'autre, dont j'ai oublié le prénom, hurlait que le Démon était apparu. Rachel, elle, était heureuse. Elle racontait à tous les étudiants sa rencontre avec le Démon. Elle avait assuré qu'elle allait le défier. Qu'elle ne le craignait pas.

Charles marqua une pause en savourant son vin. Les jumelles tapèrent sur la table.

— Raconte-nous la suite, Pa.

— Si mes souvenirs sont bons, les pompiers sont intervenus avec la police. Le lendemain, Rachel était de retour, souriante, aimable, même face aux insultes. Le surlendemain, elle était métamorphosée. Elle était aussi blanche que la mer de Glace. À la cantine, elle a commencé à délirer, puis elle s'est emparée de son couteau et a égorgé un étudiant. Heureusement pour lui, il a survécu à sa blessure. Suite à cela, Rachel a été internée en hôpital psychiatrique.

— Et ses autres amies ?

— Madeleine ou Madeline a perdu la voix et la vue sans que personne sache comment. Elle a déménagé en Corse un ou deux mois après ce soir fatidique.

— Et l'autre ? enchaîna Zara.

— L'autre a mal tourné. Elle s'est mise à faire le trottoir, à insulter des enfants devant les magasins de jouets. Ensuite, on n'a plus jamais entendu parler d'elle et de son comportement dépravé.

— Elles ont vraiment vu le Démon ? questionna Zara.

Charles haussa les épaules.

— Si le Démon est apparu, sa manifestation dite surnaturelle relève de la science. Il y a toujours une explication scientifique, rationnelle, lucide à chaque événement dit paranormal. C'est ce que vous devez garder en tête, mes filles. Principalement toi, Zara.

Cette dernière fit la moue.

— Quelle était ton explication à ce sujet ?

— Les autres étudiants et moi-même avons conclu à la même hypothèse. Les filles ont vu ce qu'elles voulaient voir. Leur cerveau a créé cette illusion pour satisfaire leur peur.

— Impossible, Pa, assura Zara. Elles sont trois à avoir vu la même chose.

— L'une a cru voir le Démon et a persuadé les autres qu'elles l'avaient vu aussi. De ce fait, elles sont tombées dans une paranoïa collective.

— Intéressant, pensa à haute voix Perle, qui hésitait à suivre les pas de son père après son baccalauréat.

— Le cerveau est l'organe le plus fascinant du corps humain. Il cache bien des mystères. Il est le carburant de nos gloires. Il est le thermomètre de nos humeurs. Il est la carte mémoire de notre passé. Et il suffit qu'un neurone déraille pour que notre état mental et physique change de direction. Prenez l'exemple d'un manque de sommeil chez une personne habituellement joviale : elle deviendra agressive dès lors que son cerveau n'aura pas eu sa dose de sommeil. Idem pour l'alimentation. Une alimentation équilibrée vous propulse dans le bien-être…

— Alors, nous sommes comme des robots commandés par les besoins de notre cerveau ? C'est perturbant de savoir que si nous ne suivons pas un certain régime, nous risquons de sombrer mentalement et physiologiquement, analysa Perle.

— Chérie, le régime dont tu parles n'est que le régime naturel de la vie, que le commun des mortels suit depuis des millénaires. Ce régime est essentiel à notre survie.

— Bon, peut-on revenir au Démon ? s'impatienta Zara. On se fait une partie ?

Catherine regarda son mari. Charles était plus fusionnel avec Perle qu'avec Zara. Ce qui était compréhensible. Perle ressemblait à son père à bien des égards. Pragmatique, altruiste et calme, elle partageait avec lui une passion pour les sciences expérimentales. Zara, plus intrépide et perspicace, préférait construire des cabanes dans les bois plutôt que de s'attarder sur des revues scientifiques. Charles s'interdisait de faire une quelconque différence entre ses jumelles. Il se forçait à s'intéresser aux passions de Zara. À son goût pour l'aventure, ce qui expliquait sa fascination pour le Démon, que sa sœur ne partageait que par altruisme et solidarité sororale.

— On essaie ? proposa joyeusement Zara, qui partit chercher un dé.

— Ce sera sans moi, prévint Perle. Il est déjà neuf heures et demie. Jules ne va pas tarder à venir me chercher.

À ces mots, un coup de klaxon se fit entendre.

— Quand on parle du loup... Le voilà.

Perle enfila sa doudoune et envoya un baiser de la main à sa famille avant de rejoindre son petit ami.

— Bon, on se la fait, cette partie ? relança Zara.

Charles s'enfonça dans sa chaise et bâilla. Catherine lui lança un regard qui lui demandait de faire un effort avec sa fille.

— OK. Jouons cinq minutes à ton fichu jeu.

— Génial ! hurla Zara. Je t'adore, Pa. Mamou, tu viens ?

Catherine s'installa. Elle était fière de Charles, de cette qualité qu'il avait de vouloir toujours rendre son prochain heureux. Zara lança le dé. Il afficha deux points noirs. Catherine le jeta à son tour. Le cube annonça trois ronds noirs. Elle le jeta une seconde fois et tomba sur le chiffre deux. Charles balança le dé, qui pivota un moment avant de présenter six points noirs. Zara s'empara du dé, le fit rouler entre ses mains et le lâcha. L'objet roula et s'arrêta sur le chiffre trois. L'adolescente le relança. Le dé afficha de nouveau trois. Elle inspira en regardant ses parents, les yeux brillants, ce qui les fit rire. Ce jeu hypnotisait Zara, qui ne songea pas une seule seconde qu'il ne s'agissait que du fruit d'une légende inventée pour divertir les jeunes qui avaient du temps à perdre. Elle lança le dé une troisième fois et tomba sur le chiffre trois. Elle le relança une quatrième, cinquième, sixième et septième fois. À chaque lancer, le dé tomba sur les fameux trois points.

— Plus qu'un ! cria Zara. Pa, regarde bien. Mamou, encourage-moi. Je n'ai pas droit à l'erreur.

Catherine leva les yeux au ciel.

— Si seulement tu montrais le même enthousiasme pour tes devoirs, déplora la mère de famille.

Zara ferma les yeux et échauffa le dé dans ses mains.

— Pitié, pitié, faites que mon dé annonce trois. Je vous en conjure, je travaillerai bien au lycée.

Charles et son épouse rirent. S'il y avait bien un trait de caractère que Charles adorait chez sa fille, c'était son sens de l'humour. Zara lança le dé. Il tourna longtemps sur lui-même avant de tomber sur le chiffre trois. Zara bondit de sa chaise et leva les bras.

— J'ai réussi ! Vous auriez dû me filmer. Tu as vu, Pa ? J'ai réussi !

Elle veut me rendre fier. Je dois être davantage présent pour elle. Je lui proposerai de faire une brocante demain. Elle adore y dénicher des vieilleries pour leur redonner vie.

— Je vois surtout que le Démon n'est pas là.

Zara haussa les épaules puis se figea. Elle recula, les yeux exorbités. Son visage rayonnant était éteint. Charles rit.

— Bonne blague, ma puce. Oh non, Cat, ne me dis pas que tu joues le jeu aussi ?

Catherine s'était transformée en statue. Les yeux rivés sur un point qui se trouvait derrière Charles, lequel savourait son chardonnay.

— Charles, retourne-toi.

Le neurologue rit.

— Les filles, je vous ai parlé de la paranoïa collective tout à l'heure. Si Perle était là, elle vous sermonnerait. Allez, ça suffit, on va se regarder un film.

Charles se leva, se retourna et frôla l'arrêt cardiaque.

— Eh bien, eh bien. On n'est pas heureux de me voir ?

Le Démon était là. Devant Charles, pétrifié. Le neurologue fut certain que son cerveau ne lui jouait aucun tour. Instinctivement, il sut que son savoir scientifique ne serait pas à la hauteur pour vaincre les jours de terreur qui allaient venir.

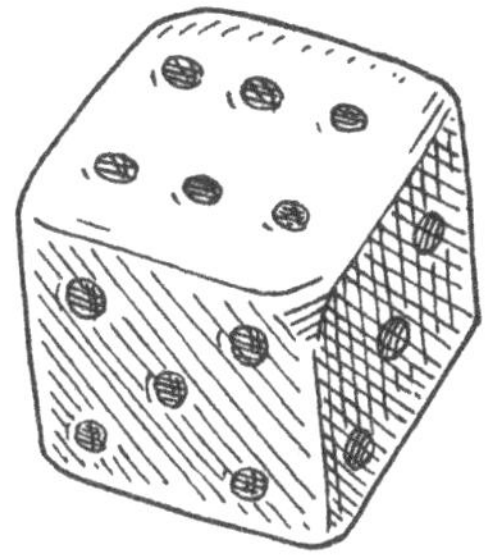

CHAPITRE 1
SOUVENIRS

« Les bons souvenirs sont des bijoux perdus. »
Paul Valéry

Trente-cinq ans plus tard…

Ses deux enfants à l'école, Jasmine Taress ouvrit la baie vitrée, s'assit sur la balancelle installée au milieu de la terrasse en bois et contempla le jardin, une tasse de thé entre les mains. Son regard était perdu parmi les arbres, qui régnaient sur sa propriété. Jasmine aimait les arbres. Métaphore de la vie, de la force et de l'amour, qui grandit chaque jour plus haut, plus fort et plus fier.

Belle femme de quarante ans, Jasmine avait les cheveux aussi sombres que le pelage d'un jaguar noir. Sa peau était aussi blanche que la nappe de neige qui trônait au sommet du mont Blanc. Les éclats du soleil sur ce joli teint d'albâtre renvoyaient l'image d'une femme frêle et chétive. Était-ce le cas ? Jasmine était aussi forte que le mont Blanc, mais aussi fragile que lui, à cause de la destruction humaine. Cinq ans plus tôt, elle avait enterré sa sœur, Lara. De cinq ans sa cadette, celle-ci était décédée dans un accident de voiture. Jasmine était tombée raide en apprenant la nouvelle. Elle avait vomi, hurlé aussi fort qu'elle le pouvait. La mort de sa sœur s'était gravée au fer rouge sur sa poitrine. Jasmine tenait Martial, l'époux de Lara, pour responsable de sa mort. Elle l'avait menacé, insulté. Elle s'était apprêtée à déposer une requête au tribunal pour obtenir la garde de son neveu, Léon, mais Marc, l'homme de sa vie, l'en avait empêché.

Le vent frais ramena Jasmine dans le présent. Elle essuya ses larmes. Marc la rejoignit sur la terrasse et contempla le mont Blanc, qui se faisait tout petit derrière les arbres. Jasmine chassa ses sombres pensées. Elle se força à lui sourire. Son époux n'était pas dupe. Il savait que derrière ce doux sourire se cachait une profonde blessure qu'il ne parviendrait jamais à panser. Il se contenta de prendre Jasmine dans ses bras, mais elle le repoussa.

— Je vais bien, ne t'inquiète pas. Je profitais de ce doux silence. Je ne me lasserai jamais de vivre dans un si bel endroit.

Directeur d'une multinationale de l'automobile basée à Genève, il avait pu offrir ce chalet situé en face du mont Blanc à sa famille. L'argent n'achète pas le bonheur, mais il y contribue. Seuls l'amour et la mort ne s'achètent pas. Jasmine s'interdisait de s'abandonner aux larmes devant ses enfants et encore moins devant Marc. Elle s'était promis de ne pas laisser la dépression la gagner. De rester fidèle à l'attention qu'elle portait à ses enfants, Victor et Arielle. De continuer de marcher sur ce chemin parsemé de moments familiaux. Elle était maman avant d'être une femme, ce qui signifiait ne jamais dévoiler ses faiblesses et toujours rester digne. Marc abhorrait cette devise. Jasmine était une humaine, une femme, qui avait le droit de montrer ses larmes à ses enfants, de confier sa tristesse à son mari, de faire revivre ses souvenirs en famille.

— Martial nous convie à un apéro dînatoire ce soir. Léon réclame son cousin et sa cousine depuis une bonne semaine. Martial lui a offert le nouvel avion Lego, et il a hâte de le montrer à Victor.

Jasmine sourit en pensant à son neveu. Le fruit et les restes de sa sœur.

— Chérie, je connais ta rancune envers Martial, mais rends-toi à l'évidence. Il n'est pour rien dans la mort de Lara, et tu le sais. Martial souffre tout autant que toi de son absence. Tu ne peux pas le nier ni prétendre que ce n'est pas le cas.

Jasmine s'exprima d'une voix calme en fixant les arbres.

— S'il avait décroché son téléphone, ce chauffard ne l'aurait pas percutée. Je souffre d'imaginer ce qu'elle a dû penser au moment où…

Jasmine ne termina pas sa phrase. La plaie s'était rouverte, et aucun mot n'était capable de juguler l'hémorragie.

Marc fixa le mont Blanc. Il ne voulait pas regarder sa femme. Il savait qu'elle tenait à sa dignité et que la fixer droit dans les yeux la déstabiliserait.

— Elle est morte sur le coup. Elle n'a pas souffert. Si Martial avait connu l'avenir, il aurait changé la tournure des événements. Il se sent suffisamment coupable.

— Je sais, Marc, mais c'est tellement plus facile d'avoir un coupable sur qui déverser toute la haine accumulée.

— Te recueillir sur sa tombe t'apaiserait sûrement. Tu pourrais raconter à ta sœur qu'à douze ans, Victor veut déjà épouser sa petite amoureuse et que, du haut de ses dix ans, Arielle s'est sauvée de son école pour rejoindre la Laponie à pied, car nous refusons de déménager au pays du Père Noël.

La mère de famille rit. Les enfants étaient sûrement la plus belle fleur que la nature ait créée. Des pétales aux couleurs vives, un parfum frais et une tige fragile à arracher. En cinq ans, Jasmine ne s'était jamais rendue sur la tombe de Lara. S'y rendre serait accepter définitivement qu'elle ne reverrait plus sa sœur. La quadragénaire n'était pas prête. Elle vivait dans l'illusion qu'un jour, Lara frapperait à leur porte. Inconsciemment, elle savait que ce jour n'arriverait jamais. Que cet espoir n'était qu'une illusion pour soigner les maux de son âme. Mais elle ne pouvait s'empêcher d'y croire pour se sentir bien.

— À quelle heure êtes-vous conviés chez Martial ?

Marc accepta avec soulagement le changement de conversation.

— Aux alentours de dix-neuf heures.

— Tu iras comme d'habitude.

— Tu es certaine ?

Jasmine hocha la tête. Depuis la mort de sa sœur, elle refusait de voir Martial et de lui adresser la parole. Il lui était trop difficile de le regarder dans les yeux sans avoir envie de lui sauter à la gorge. Elle laissait donc

Marc et les enfants se rendre chez son beau-frère seuls. Quand elle avait envie de voir son neveu, Marc contactait Martial, qui déposait ensuite Léon chez eux.

Marc ne rétorqua rien. Il appréciait Martial et ne nourrissait aucune rancune à son encontre. Dix ans plus tôt, quand Lara et Martial leur avaient annoncé leur union, Marc avait été heureux que son meilleur ami d'enfance se marie avec sa belle-sœur. Ils formaient le couple idéal : équilibré, généreux, complaisant, noble, jovial. Il avait cru que Jasmine serait de son avis. Rassurée que sa sœur fréquente un homme qu'elle connaissait très bien depuis des années. Mais Jasmine avait immédiatement trouvé des défauts à Martial. À commencer par cet écart d'âge. Lara avait vingt ans et Martial trente. Ensuite, son sourire charmeur, qui sonnait faux aux yeux de Jasmine, ses manières de s'intéresser à autrui, juste par intérêt, toujours selon elle, qui trouvait constamment un côté pervers aux qualités de Martial. En dépit de tous les défauts qu'elle pouvait trouver à Martial, Lara et lui s'étaient aimés pendant dix ans, avant que Lara disparaisse. De cette union était né leur trésor, Léon.

Marc se tourna vers sa femme. Il avait arrêté de compter le nombre d'années passées à ses côtés. Il savait que leur relation dépassait les vingt ans, et il se rendit compte que, en plus de vingt ans, Jasmine n'avait jamais éprouvé la moindre affection pour les petits copains de sa sœur. Chaque homme avait un défaut néfaste. Il avait pensé qu'en vieillissant et en devenant mère au foyer, elle accepterait de laisser Lara apprendre de ses erreurs. Il s'était trompé.

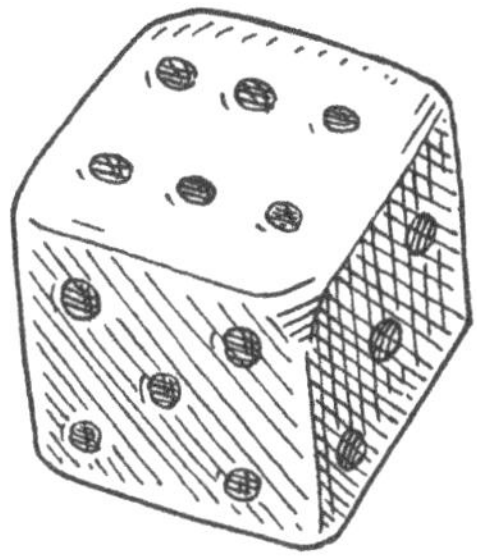

CHAPITRE 2
DÉ-MON

« Le passé, l'avenir, ces deux moitiés de vie dont l'une dit jamais et l'autre dit toujours. »
Alphonse de Lamartine

Léon faisait rouler son camion en bois sur son tapis représentant des circuits de formule 1. Le petit garçon de dix ans affectionnait profondément ce camion, car c'était le dernier cadeau que sa mère lui avait offert, cinq ans plus tôt, avant de mourir tragiquement. Martial Galet regarda son fils s'amuser avec ce jouet en bois, qui portait encore les traces d'un bonheur à trois que son fils et lui ne connaîtraient plus jamais. Il vit le sourire rassurant de sa femme, entendit sa voix gronder les monstres qui se cachaient sous le lit de Léon, sentit son odeur de transpiration après leurs échanges charnels. Puis il pensa au jour fatidique. Il ne cessait de ressasser la scène avec des « si… ». Le conditionnel le giflait à chaque fois, le narguait, lui rappelait qu'il ne pourrait jamais réparer le passé. Martial se frotta les yeux. Il s'interdisait de pleurer devant son fils. Il était né avec ce principe qu'un parent ne doit jamais verser des larmes en présence de son enfant. Il avait au moins ce point en commun avec Jasmine.

— Victor et Arielle ne vont plus tarder. Marc m'a dit que Victor a hâte de voir ton nouvel avion.

— Papa, pourquoi tata ne vient jamais quand tu l'invites ? J'aime bien quand elle est là. Elle me rappelle maman. Elle a le même nez qu'elle. Sauf les cheveux ! Maman avait les cheveux comme le soleil. Alors que tata a les cheveux comme la nuit.

C'est vrai que les deux sœurs étaient le jour et la nuit. Jasmine est intrusive, la petite souris que vous découvrez dans votre salon en train de vous épier. Le serpent qui vous envoûte de son regard perçant dans un but pervers. La tigresse qui vous saute à la gorge pour protéger son territoire.

— Nous en avons déjà parlé. Jasmine profite du fait que ses enfants soient chez nous pour se reposer, prendre soin d'elle. Je fais pareil quand tu vas jouer chez eux. Je prends soin de moi. Je me repose.

Je me recueille sur la tombe de ta maman. Je lui dis combien je l'aime. Que je regrette.

La sonnette stridente fit éclater les pensées de Martial.

Léon se rua à la porte.

— Jasmine !

Léon enlaça la mère de famille par la taille.

Martial se décomposa face à sa belle-sœur.

La quadragénaire portait un col roulé blanc. Ses longs cheveux noirs ébouriffés par le vent retombaient sur ses épaules. Un pendentif argenté descendait jusqu'en bas de son ventre. Martial reconnut le cadeau que lui avait offert Lara lors de son tout dernier Noël.

— Jasmine. Quelle surprise. Léon, tu vas montrer ton avion à tes cousins ?

— Oui ! Venez.

Les enfants entrèrent avec leurs chaussures et se précipitèrent dans la chambre de Léon. Chez quelqu'un d'autre, Jasmine leur aurait ordonné de se déchausser mais, là, c'était chez Martial. La bienséance n'habitait plus ses principes.

— Victor et Arielle ont proposé une soirée cinéma. Léon peut-il nous accompagner ? Je te le redéposerai demain matin.

— Bien sûr. Entre en attendant que je lui prépare ses affaires. Marc n'est pas là ?

— Si. Il ne va pas tarder. Des papiers à régler au bureau.

Le ton glacial fit comprendre à Martial qu'elle n'était pas là pour créer un lien familial chaleureux.

— Jasmine, je…

Elle leva sa main pour l'arrêter.

— Ne dis rien.

Martial garda le silence et partit chercher les enfants. En attendant qu'il revienne, Jasmine explora le salon. Les murs étaient toujours peints en vert pomme, la cheminée en marbre avait été remplacée par un radiateur électrique et les canapés étaient disposés de la même façon qu'il y a cinq ans, l'un en face de l'autre, séparés par une table basse en bois que Lara avait dénichée sur Leboncoin. Sa cadette avait toujours préféré les objets d'occasion. Les témoins des moments qu'inflige et offre la vie. Jasmine effleura du bout des doigts la table. Si elle pouvait parler, que dirait-elle ? Que révélerait-elle ? La quadragénaire regarda la baie vitrée. Le ciel était gris comme l'était sa vie de femme.

— Nous sommes prêts ! crièrent en chœur les enfants.

— Génial ! Allons-y, ordonna Jasmine avant de se tourner vers Martial. Marc ne va plus tarder. Passez une bonne soirée.

— Vous aussi.

Quelques minutes plus tard, Adam Morani, avocat fiscaliste et meilleur ami d'enfance de Martial et Marc, frappa à la porte. Martial le fit entrer. Adam était un bel homme robuste de quarante-cinq ans. Les cheveux couleur or plaqués sur son crâne, une barbe parfaitement taillée et les yeux bleus perçants, il avait tous les atouts physiques pour plaire, par opposition à son caractère, qui le freinait pour rencontrer une femme qui pourrait accepter sa vision de la société au vingt et unième siècle. Très bel homme avec un emploi stable et très rémunérateur, Adam était misogyne, mégalomane et fantasque. Imbu de lui-même. Jasmine ne pouvait pas le regarder en face ni même autrefois Lara. Les deux sœurs le jugeaient narcissique. Pour ses amis d'enfance, Adam était seulement égoïste, voire légèrement égocentrique. De son point de vue, l'intelligence féminine ne rivaliserait jamais avec celle de l'homme. Pour lui, une femme devait se trouver derrière les fourneaux à élever une ribambelle de gamins, qui étaient présents uniquement pour assurer la continuité de la fierté familiale. Jasmine et Lara se doutaient qu'aux yeux de Martial, Marc et Boris, un autre de leurs amis d'enfance, Adam restait l'adolescent avec qui ils avaient ri à se tordre les intestins, et, avec ces souvenirs nostalgiques, ils ne voyaient pas l'homme présomptueux et narquois qu'il était devenu.

Quelques minutes plus tard, Marc et Boris arrivèrent. Boris était l'incarnation de la joie de vivre. Adulescent et célibataire endurci, il n'avait jamais connu de vraies relations passionnelles. À quarante-quatre ans, il vivait toujours chez ses parents et cherchait encore la femme idéale, qui dans son esprit ressemblait à une grande brune, taille trente-quatre, douce mais pas docile, poitrine bombée, corps de nymphe. En attendant la femme de ses rêves, il fréquentait des femmes toutes plus vénales les unes que les autres. L'attention factice qu'elles portaient à Boris dissimulait leurs véritables intentions. Boris se faisait entourlouper à chaque fois. Et aucune ne lui servait de leçon. Adam aimait le taquiner sur sa situation similaire à celle d'un jeune de vingt ans qui, en même temps que collectionner les femmes, accumulait les contrats intérimaires dans divers domaines professionnels. Il ne manquait jamais de se valoriser auprès de lui, assurant qu'une femme est attirée par la sécurité qu'apporte l'argent autant que par la beauté de l'homme, puisque l'argent rend toujours un homme plus beau.

Les trois amis s'installèrent sur le canapé. Adam déboutonna le col de sa chemise blanche. Un détail qui dégagea un charme sensuel. Le beau blond se plaignit de sa journée de travail.

— Usante. J'ai hâte d'être à demain. Le samedi est le seul jour où je m'autorise la grasse matinée.

Marc s'enfonça dans le canapé et ne releva pas auprès d'Adam que chacun autour de cette table était tout autant épuisé par sa semaine de travail. *Je me tape une heure trente de route tous les matins et tous les soirs de la semaine. Jasmine a raison parfois. Il n'y a que lui, lui et lui.* Martial compatit ironiquement.

— Il est certain que d'être assis le cul sur une chaise toute la journée au chaud, c'est fatigant.

— Je ne te parle pas de la fatigue physique, mais intellectuelle.

Martial haussa les épaules. Marc constata l'exaspération sur les traits de son visage. Martial était de nature empathique, patient et placide, or ce soir l'énervement se faisait sentir. Marc en devina les raisons. Dans quelques jours, ce serait la date anniversaire du décès de Lara. Boris jeta un regard à Marc. Les deux hommes se comprirent. Martial rétorqua :

— Adam, nous sommes tous fatigués par nos heures de travail, que ce soit de manière physique ou intellectuelle. Il n'y a pas de pire ou de meilleure fatigue. Je suis à l'hôpital plus d'heures qu'il n'en faut et je ne me plains pas. J'exerce un métier passionnant, certes, mais épuisant quand le dernier jour de la semaine se manifeste.

Martial était psychiatre. Un métier pour lequel il était né. Sa mère, qui était femme de ménage, et son père, qui était manutentionnaire, s'étaient usés à la tâche pour voir leur fils réussir et affectionner le métier qu'il avait choisi d'exercer depuis qu'il avait découvert qu'aider les autres était sa vocation. Entre Marc et Boris, Martial était le seul à tenter de rendre plus sympathique Adam, dont l'arrogance se faisait plus grande en vieillissant. L'avocat fiscaliste comprit que Martial perdait patience. Il connaissait suffisamment son ami pour savoir que Martial pouvait être aussi brusque que calme. Il se tourna vers Boris, plus doux et plus naïf.

— Et toi, Bobo ? Fatigué ?

Boris saisit une poignée de chips.

— J'ai décroché un contrat de pion dans un lycée.

Adam leva les yeux au ciel.

— Super ! L'académie ne sait plus qui recruter.

Aucun des trois hommes ne releva le sarcasme. Boris continua, la bouche pleine :

— Ma mère connaît la CPE de l'établissement, qui a bien voulu me prendre à l'essai. Celui-ci s'étant bien passé, j'ai signé un contrat d'un an renouvelable.

— Tout se passe bien ? questionna Marc.

Marc ne s'était jamais permis de juger la situation de son ami. Il n'était personne pour donner des leçons, comparé à Adam, qui se prenait pour le dieu du savoir.

— Franchement, j'adore. Je me sens bien parmi les élèves. Ils sont spontanés, innocents, crédules. Les retrouver est une vraie bouffée d'air frais.

— Tu as peut-être trouvé ta vocation, hasarda Martial.

Boris haussa les épaules.

— Je n'espère pas.

Marc fronça les sourcils. Boris poursuivit de sa voix rêche :

— Comprendre que je suis passé à côté d'un métier qui aurait pu me satisfaire ces dernières années serait regrettable. J'ai quarante-quatre ans et je suis loin de vous atteindre. Vous êtes parvenus à vivre au sommet de l'excellence.

Adam sourit, voyant là une occasion de se sentir valorisé.

— C'est-à-dire ?

Boris joua avec une chips.

— Vous exercez tous des professions qui vous ressemblent, auxquelles vous vous vouez corps et âme. Votre situation est stable et sécurisante. Mais le sommet de la perfection n'est pas d'avoir réussi dans sa vie professionnelle, mais personnelle, assura Boris qui fixa Martial de ses yeux de lynx. Toi, tu as connu le bonheur pendant dix ans. Une femme qui t'a aimé à sa façon, car j'imagine que chaque être a sa façon d'aimer. De cet amour est né Léon. Idem pour toi, Marc. Directeur d'une multinationale. J'imagine que tes heures de gloire sont celles où tu entends tes enfants t'appeler « papa ».

Adam se resservit un verre de vin en tapotant l'épaule de Boris.

— C'est quoi, cette crise de déprime ?

— Ce n'est pas une quelconque déprime. Je prends conscience à mon âge qu'il est temps que je cesse de vivre comme je vis. Vivre chez maman et papa, c'est bien, c'est beau, mais ce n'est pas dans l'ordre des choses. Nous sommes des animaux qui, un jour ou l'autre, devront se séparer de leur meute pour créer la leur. J'ai envie de bâtir un foyer solide, de rencontrer l'amour, même un court instant.

Martial soupira et rebondit sur les paroles de Boris :

— L'amour est un sentiment espiègle. Il nous trompe avec l'illusion de connaître l'autre depuis la nuit des temps. Alors qu'en réalité, nous ne sommes que deux inconnus. Quand Lara est décédée, j'ai perdu mes repères. Je me suis retrouvé seul face à un gamin de cinq ans, qui voulait gravir les montagnes pour embrasser sa mère dans les nuages. Chaque jour, la culpabilité me grignote.

Le regard de Martial se perdit dans le vide.

— Je ne peux m'empêcher de m'en vouloir. Ce jour-là, c'est moi qui aurais dû prendre la voiture et aller chercher Léon à l'école. Mais je n'ai pas fait attention à l'heure. L'école m'a appelé pour me faire savoir que mon fils attendait son père. Je ne pouvais pas quitter l'hôpital. J'ai appelé Lara deux, trois fois. Elle m'a rappelé une demi-heure plus tard, lorsqu'elle était sortie de son entretien d'embauche dans une pâtisserie. Elle était enragée. Son fils attendait depuis quarante minutes à l'école. Je ne l'avais jamais entendue me parler sur un ton aussi dédaigneux. Avant de monter dans la voiture, elle m'a balancé des reproches sincères. Mon manque d'attention, le temps passé à l'hôpital, mon manque de compliments à son égard. Mon rôle de père que je ne remplissais qu'à moitié. Mon rôle d'époux que je jouais quand j'avais un moment. Je l'ai laissée se défouler, puis je lui ai dit que je devais mettre fin à notre discussion, car un patient m'attendait. Une heure plus tard, l'école m'annonçait que Lara était toujours absente. J'ai deviné, j'ai compris et je me suis maudit.

Adam posa son verre de vin et devança Marc, qui ouvrait la bouche pour s'exprimer.

— Déjà, tous les couples se disputent. Ensuite, tu ignorais qu'un connard d'alcoolique la percuterait. Enfin, courir après les « si » du passé ne fait que te rendre plus coupable. Ce n'est pas ta faute. C'est la faute du mauvais endroit au mauvais moment.

Martial secoua la tête.

— Va m'innocenter auprès de Jasmine. C'est la seule qui n'est pas hypocrite, qui sait me regarder droit dans les yeux et me dire que je suis le responsable de cette tragédie. Si j'étais allé chercher Léon, Lara serait encore en vie.

Marc défendit sa femme avec subtilité :

— Jasmine entretenait un lien fusionnel avec sa sœur. Elle n'accepte pas sa mort. Avoir un coupable lui permet de soulager sa douleur. Bien entendu, rien n'est de ta faute. Adam a raison, courir après les « si » du passé ne fait qu'accentuer ta douleur.

Martial passa la main dans ses cheveux auburn.

— Ce chauffard m'a écrit une lettre. Je l'ai brûlée.

— Tu ne nous l'as jamais dit, remarqua Adam.

— Non. Qu'il regrette, c'est déjà bien, mais sa prise de conscience ne ressuscitera pas la mère de mon fils.

Un silence lourd s'installa. Boris toussota, puis prit la parole pour combler ce vide malaisant :

— Vous connaissez le jeu du Dé-Mon ? Les gamins ne cessent d'en parler au lycée. Il s'agit de faire sortir le chiffre trois huit fois d'affilée au jeu de dé pour voir apparaître le Démon.

Martial fronça les sourcils.

— Quel est le nom du jeu ?

— Dé-Mon.

Boris épela le nom du jeu.

— J'en ai déjà entendu parler.

— Raconte.

— Il y a quinze ans, lorsque j'étais interne dans un hôpital psychiatrique, l'un des patients, qui souffrait de schizophrénie, me répétait que le Démon venait le voir tous les jours. Il m'avait montré un dé de couleur rose pâle et m'avait dit qu'il devait lancer ce dé tous les jours sous peine d'être tué par le Démon. Je me souviens d'avoir eu envie de croire cet homme quand il m'affirmait qu'il n'était pas fou. Qu'il était lui-même médecin. Il tentait d'attirer l'empathie, la compassion, l'écoute, en vain. Il était neurologue, je crois. Son métier laissait bien évidemment deviner que ce n'était pas le type d'homme qui croyait à ces conneries. Je me suis donc toujours interrogé sur son cas.

Boris avait les yeux brillants face à l'histoire de Martial.

— Raconte encore ! le pressa-t-il.

— Qu'est-ce que tu veux que je raconte ? Mes homologues l'ont jugé schizophrène en ajoutant d'autres maladies mentales.

— Je veux que tu me racontes l'avant. Comment a-t-il atterri chez les fous ?

Martial fit une moue. Il n'aimait pas qu'on qualifie ses patients de fous. Adam et Marc échangèrent des regards face à la curiosité juvénile que montrait Boris.

— Il était déjà interné quand je suis arrivé. Je crois qu'il était là depuis une bonne quinzaine d'années. Je me souviens de son prénom, Charles, car j'ai pensé « Charles comme Charles de Gaulle ».

— Pourquoi était-il là ? le pressa Boris sous l'exaspération d'Adam.

— En résumé, il a joué à ce jeu. Le Démon s'est manifesté. Quelques jours plus tard, sa femme a été retrouvée congelée sur le mont Blanc. Celle-ci s'était mis en tête de le gravir en maillot de bain. Selon ce patient, c'était le Démon qui lui avait ordonné d'effectuer cette action, sinon il assassinerait leurs jumelles. L'une des jumelles a d'ailleurs été retrouvée noyée dans le lac d'Annecy. Le patient a juré que c'était le Démon, la cause de tous ces drames. Personne ne l'a cru, bien évidemment.

— Waouh. Sacrée histoire.

Adam dévisagea Boris.

— Tu ne crois tout de même pas à ces conneries de Démon, Bobo ?

Boris haussa les épaules et s'empara des dernières chips.

— Je pense que des phénomènes paranormaux existent sans que la science puisse l'expliquer. N'est-ce pas, Martial ?

— La science n'a pas réponse à tout, mais elle répond déjà à de nombreuses interrogations. Et toi, Marc, tu y crois ?

— Non. Je suis cartésien. Comme toi.

— Les gars, ça vous tente une partie ? J'ai justement ramené un dé, car j'avais l'intention de vous proposer…

Adam manqua de s'étouffer en avalant son verre de vin.

— Tu plaisantes ? Tu crois que nous n'avons que ça à foutre, de jouer à un jeu destiné aux gamins de quinze ans ?

— Je te parle d'y jouer par curiosité. Adolescents, nous aurions été les premiers à vouloir découvrir ce jeu de dé, rétorqua Boris.

— Il n'a pas tort, releva Marc. Nous aurions même été les premiers à faire croire aux autres que nous avions vu le Démon.

Martial observa ses amis. Boris et ses kilos en trop. Marc qui voulait devenir astronaute un jour et soigneur animalier le lendemain. Adam et son obsession de tout réussir. Et lui, qui était le plus fragile de la bande, à toujours se cacher derrière les copains. Martial n'avait jamais su se défendre seul. Discret et empathique, il trouvait toujours des excuses à ceux qui harcelaient les plus faibles. En vieillissant, il s'était aperçu avec effroi et déception que certaines personnes aimaient tout simplement faire du mal à d'autres sans raison apparente. Il n'avait jamais douté que si le commun des mortels devenait plus complaisant, il vivrait dans un monde de paix. Seulement, il vivait dans une société qui jugeait et voyait d'un très mauvais œil les personnes sensibles et ouvertes d'esprit. Quelqu'un qui n'est pas dans le jugement n'est pas normal. Martial pensait souvent à *L'Île des gauchers*. Un livre dans lequel il aurait aimé être l'un des personnages. Tout ce qui était à l'envers dans la société était à l'endroit sur cette île. Devenir psychiatre lui avait permis de comprendre plus facilement la psychologie et les comportements de ceux qui l'entouraient.

— Alors, Martial, on joue ?

— Si tu veux.

— Sérieux, les gars ? Vous avez quel âge ?

— Adam, reprit Marc. On joue cinq minutes.

— Pas une de plus ?

— Pas une de plus, assura Martial en échangeant des sourires avec Marc.

Boris lança le dé. Celui-ci retomba sur le chiffre quatre. Adam s'en empara à son tour. Il obtint le même résultat. Marc lança le dé machinalement. Le dé annonça six points. Martial jeta le cube. Le chiffre trois se présenta. Le psychiatre balança de nouveau le dé, qui indiqua de plus belle le chiffre trois. Boris but cul sec son verre de vin. Adam pianotait sur son téléphone. Martial échauffa le dé dans le creux de sa main, puis le laissa partir en songeant à Lara. Qu'aurait-elle pensé de ce jeu ? *Elle aurait joué avec nous. Elle se serait acharnée à effectuer la combinaison de dé.* Le dé tourna sur lui-même avant d'afficher cinq points noirs. Boris palpa le dé et le lança. Celui-ci présenta le chiffre six. Adam jeta de nouveau le dé, qui s'arrêta sur le deux. Marc et Martial obtinrent le même nombre de points.

Les deux hommes soupirèrent, lassés de lancer le dé. Boris fit rouler le dé, qui se stoppa sur cinq petits points noirs. Adam soupira également. Il désirait rentrer et se plonger dans un sommeil lourd et profond, bien emmitouflé dans sa couette. Il lança rapidement le dé, qui s'immobilisa sur le chiffre trois. Il le lança une seconde fois, pour un chiffre identique. Le sixième lancer indiqua de nouveau le chiffre trois. Adam jeta le dé, qui afficha une septième fois trois petits points noirs. Boris se rongea les ongles. Des regards animés mêlés de curiosité fixaient le dé. Adam fit valser le dé dans ses paumes et le lâcha. Le dé pivota quelques secondes avant de présenter le chiffre trois.

— Tu as réussi ! s'exclama radieusement Boris. C'est hallucinant que tu y sois parvenu.

— Le hasard, objecta Adam. D'ailleurs, nous sommes toujours vivants.

La salle de séjour fut brusquement plongée dans le noir.

— Une panne d'électricité, rassura Martial, qui projeta une lumière blanche à l'aide de son smartphone.

— Ou alors c'est le Démon qui nous rend visite, hasarda Marc sans grande conviction.

Les lumières se rallumèrent. Adam sortit sa cigarette électronique. Martial le pria de fumer dehors.

— C'est une cigarette électronique.

— Tu sais ce que j'en pense.

Adam ne riposta pas. Martial refusait d'intoxiquer l'air de son habitat avec des composants cancérigènes. Marc se leva.

— Je t'accompagne. J'ai besoin de prendre l'air.

Adam et Marc sortirent sur la terrasse de devant. Une terrasse en ciment où les traces de mains de la famille Galet étaient visibles. L'esplanade manquait cruellement de lumière. Seul l'éclairage du salon offrait un peu de clarté. Le ciel était un désert de sable noir. Le froid hivernal les entoura. Les réverbères illuminaient une rue déserte et silencieuse. Le genre de silence qui rendait parano si l'on imaginait un tueur en série caché derrière une voiture. Adam tira sur sa cigarette électronique et expira une fumée rosâtre à l'odeur de barbe à papa.

— J'imagine que l'odeur et le colorant de ta fumée ne sont pas d'origine naturelle.

— Si tu peux éviter de le répéter à Martial. Il voit le cancer partout. Il devrait d'ailleurs consulter un psy.

— Il est lui-même psy, souligna Marc.

Adam cracha une énième taffe.

— On a tous des problèmes psychologiques, même les psys.

— Avoue qu'il n'a pas tort. Tu fumes le cancer et, un jour, celui-ci te consumera. Lentement, mais sûrement.

— La cigarette est une baguette magique, qui a le pouvoir de me détendre face à la pression professionnelle que je subis au quotidien.

Marc fixa la maison d'en face. Une vieille bâtisse très mal entretenue. Enfant, il aurait eu la trouille d'y sonner lors d'Halloween. Adolescent, il aurait lancé le défi d'en effleurer la porte. Adulte, il se fichait de savoir quelle créature maléfique vivait dans ce galetas.

— Je crois que nous sommes tous sujets à des inconforts professionnels. Le monde du travail n'a rien de joyeux. Je ne vais pas tarder à rentrer, le froid me glace les mains.

— Attends. Tu as vu, au bout de la rue ?

Marc plissa les sourcils et vit une ombre difforme s'avancer, puis prendre une forme humaine.

— Un gars qui se balade.

— Tu en connais beaucoup, des gars qui se baladent en boitant à une heure cinq du matin ? Je te parie que c'est un gars qu'on vient de passer à tabac.

— Que veux-tu ? Qu'on lui porte secours ?

Adam cracha sa dernière taffe. Il avala sa salive en même temps que Marc en constatant que l'individu s'arrêtait devant le portillon de Martial, en fixant les deux hommes de ses yeux vert émeraude lumineux.

— C'est quoi ce délire ? chuchota Adam.

L'homme avait le visage et le corps dissimulés par une combinaison noire ressemblant à une combi de plongée. De loin, Marc aurait parié sur une combinaison en latex. Des oreilles longues et pointues se laissaient entrevoir à travers le sombre tissu. Seuls les yeux verts de l'inconnu, semblables à deux boules de loto lumineuses, n'étaient pas cachés par cet étrange costume.

Boris sortit, une bière à la main.

— Il fait un froid de canard. Qui c'est, ce type ? Un pote à vous ?

Adam le fusilla du regard.

— Je t'invite à lui poser la question.

— Attends, il y a un gars à quelques mètres de nous, bizarrement vêtu, qui fixe la baraque, pour ne pas dire qu'il nous fixe, car ce serait encore plus terrifiant, et vous ne faites rien ?

— Tu veux qu'on fasse quoi ? se défendit Marc de sa voix bourrue. Le gars est peut-être Scream. Scream caché derrière cette combi en néoprène.

Martial les rejoignit. Il se frotta les mains. Le froid transperçait le pull en maille couleur caramel qu'il portait.

— Qu'est-ce qui se passe ?

Il plissa les sourcils et vit l'individu recouvert d'une combinaison noire devant le portillon. Les réverbères de la rue s'éteignirent.

— Je vais lui parler.

Adam le retint par le bras.

— Une seconde. Tu ignores qui est ce type. Parle-lui d'ici. C'est plus prudent.

Martial acquiesça d'un signe de tête et s'avança jusqu'à la bordure de la terrasse.

— Monsieur, tout va bien ?

Silence.

— Monsieur ?

Boris s'avança près de Martial et prévint de sa voix caverneuse :

— Soit tu dégages, soit on appelle les flics.

Martial se tourna vers Boris et le réprimanda à voix basse.

— Tu es abruti ou quoi ? Nous ne sommes pas dans ton lycée ici. La provocation et la vulgarité sont mal accueillies dans ce type de moment.

L'homme vêtu de son étrange combinaison était toujours là. Martial décida d'aller à sa rencontre.

— Attends, le retint Adam. J'y vais.

L'avocat marcha la tête haute. Sa posture militaire confirma l'assurance dont il était doté depuis toujours. Il se plaça devant le portillon.

— Un problème ? commença Adam d'une voix virile. Oh ! On t'a coupé la langue ?

Adam claqua des doigts et vit à travers l'épais tissu noir que la bouche de l'homme bougeait.

— Parle plus fort.

L'homme reformula d'une voix chétive, à peine audible pour Adam, qui fronça les sourcils en tentant de percevoir le moindre mot. Seules quelques syllabes fragiles atteignirent ses oreilles.

— Vous…al…rir.

— Je ne comprends rien, s'impatienta Adam, qui s'avança de nouveau en voyant que l'individu s'était rapproché pour lui parler.

— Vous allez mourir.

Les mots étaient distincts, clairs et terrifiants. Adam ouvrit grands les yeux et les plongea dans ceux de l'inconnu. Des yeux émeraude scintillants qui brillaient autant que la véritable pierre précieuse. Des yeux d'une beauté flamboyante, enivrante et surnaturelle. Pourtant, dans la beauté de ce regard subjuguant brillait une détermination diabolique que seul Adam pouvait lire en plongeant ses yeux profondément dans ceux de l'étranger.

— Mais qui êtes-vous ? chuchota Adam plus pour lui-même.

Un sourire se dessina à travers le tissu noir.

— Mais je suis le Démon.

Sa voix n'avait rien de diabolique. Elle était pénétrante, ferme et revêche.

Adam hésita entre rire et pleurer. Il recula en voyant la poignée du portillon tourner puis s'ouvrir toute seule en émettant un bruit terrifiant. L'homme se précipita vers ses amis, qui rentrèrent en fermant la baie vitrée à clef.

— Qu'est-ce qui se passe ? s'enquit Martial, inquiet face à la mine cadavérique d'Adam.

Ce dernier reprit son souffle.

— C'est le Démon.

— Quoi ?

— Je vous dis que ce type s'est présenté comme étant le Démon.

Martial regarda Marc.

— Impossible.

Martial se tourna vers Boris.

— Qui était ce type, Bobo ?

— Quoi ? Je n'en sais strictement rien. Tu insinues quoi, là ?

Marc lut dans les pensées de Martial et répondit à sa place :

— Que, connaissant tes plaisanteries à deux balles, tu as demandé à une de tes connaissances de venir nous effrayer après avoir joué à ton stupide jeu du Dé-Mon.

Boris s'assit sur le canapé.

— Bien sûr que non. Comment aurais-je pu deviner qu'Adam parviendrait à effectuer la combinaison du jeu ? Comment aurais-je deviné l'heure à laquelle Adam serait sorti fumer ? Je vous jure que je n'y suis pour rien.

Marc ne fut pas convaincu.

— Tu as bien un iPhone, non ?

— Mais vous…

La phrase de Boris resta en suspens. Des coups venaient d'être frappés à la porte d'entrée.

— J'y vais, lança Marc.

Boris l'en empêcha.

— Arrête ! Personne ne connaît cet homme. Je te jure que je n'y suis pour rien. Appelons les flics. C'est plus prudent.

Face au sérieux de Boris, Martial et Marc échangèrent un regard de connivence. Adam tourna en rond dans le salon et se stoppa devant l'ancienne cheminée remplacée par un radiateur électrique, qui dégageait une odeur de brûlé. La chaleur électrique l'aida à trier ses pensées.

— D'abord, enlevons-nous de l'esprit l'idée que ce type tordu est le Démon. Ce n'est que le fruit du hasard.

— Tu as vu ses fringues ? souligna Boris.

Adam passa sa langue sur ses gencives et s'écroula sur le canapé. Il sortit son iPhone, le dernier qui venait de sortir sur le marché, et composa le 17. Le son de la sonnerie se prolongea. Il raccrocha et renouvela son appel. Aucun interlocuteur ne décrocha. L'avocat posa son téléphone sur la table basse.

— Impossible de joindre qui que ce soit.

— Je vais essayer.

Marc contacta à son tour la gendarmerie, en vain. Il composa le numéro des secours. Le même schéma se répéta. La sonnerie sonnait dans le vide pendant que le Démon continuait de frapper à la porte lentement, mais sûrement.

— Les lignes téléphoniques doivent rencontrer un problème.

Boris décapsula une bière pour tenter de se détendre et se la servit, les mains tremblantes et en disant nerveusement :

— La situation est anormale. Mon avis va vous paraître décalé et irrationnel, mais je crois que la présence de ce type couvert de néoprène noir est liée au Dé-Mon.

Adam balaya l'avis de Boris.

— N'importe quoi.

Les quatre amis se turent en constatant que les coups à la porte avaient cessé. Marc avala sa salive et tenta de joindre pour une énième fois la gendarmerie.

— On fait quoi ? s'inquiéta Boris.

Martial se rua dans la cuisine et revint avec des couteaux.

— Armez-vous. On ne sait jamais.

Martial lâcha les armes blanches en voyant une ombre derrière la baie vitrée. Une ombre difforme et noire. Deux petits points verts scintillants s'agrandirent.

— C'est lui, affirma Adam d'une voix sourde.

L'ombre prit forme humaine, et le Démon se présenta tel qu'Adam l'avait vu quelques minutes plus tôt. Il frappa sa paume contre la vitre, puis la plaqua contre celle-ci et la descendit. Le son vitreux glaça le sang des quatre hommes. De nouveau, Marc tenta de contacter les secours, mais son téléphone lui brûla les mains. Il lâcha l'appareil, duquel s'échappait une fumée noire. Une odeur carbonisée se fit sentir. Adam échangea des regards inquiets avec Martial, qui essaya de penser de façon rationnelle en chassant les propos de Boris, qui associait la présence de ce type au jeu du Dé-Mon. La baie vitrée s'ouvrit lentement. Un filet d'air frais se glissa à l'intérieur de la maison et envahit la pièce. Le Démon entra dans le salon, puis referma la baie vitrée par la force de ses pensées. Il leva la tête. Ses yeux brillaient de mille feux.

— Qui êtes-vous ? interrogea Martial.

— Le Démon. L'un de vous a effectué huit fois d'affilée le chiffre trois. Comme le veut ma légende, je me manifeste pour faire de votre vie un véritable paradis.

La voix du Démon était calme et neutre. Boris ne savait pas si les derniers mots relevaient de l'ironie ou de l'affirmation.

— Comment est-ce possible ? murmura Martial.

Le Démon s'approcha de lui. Une odeur nauséabonde s'échappait de sa bouche dissimulée par sa combinaison. Martial ne baissa pas les yeux, bien qu'il soit effrayé par cette chose surhumaine. Il scruta le Démon et imprima sa description visuelle dans son esprit. Il interdisait à son esprit d'effacer le moindre détail. Le psychiatre remarqua que ses oreilles longues et pointues dissimulées par le costume n'étaient pas humaines. Ses yeux émeraude étaient pénétrants et envoûtants. Le tissu qui recouvrait son visage ovale dissimulait son nez. Sa bouche, qui se laissait entrevoir, n'était pas de taille humaine. Ses lèvres bombées s'étendaient jusqu'à ses joues.

Les yeux brillants du Démon se reflétèrent dans ceux de Martial, plus sombres et ténébreux.

— L'impossible est pourtant possible.

Martial ne répondit pas, comme hypnotisé par ce regard flamboyant.

— Je vois que ta femme est décédée par ta faute.

Martial crut recevoir un coup de poing à l'estomac. Le visage de Lara flotta dans ses pensées. *Comment est-il au courant ? C'est quoi ce délire ?* Martial était paralysé. Les mots restèrent coincés dans sa gorge. Le Démon se tourna vers les trois hommes à la fois tétanisés et abasourdis par cette manifestation surnaturelle. Il frappa dans ses mains et s'exprima d'une voix ténébreuse :

— Messieurs. À présent, le jeu du Dé-Mon va commencer. Dorénavant, vous détiendrez chacun un dé.

Le Démon fit apparaître dans sa paume quatre dés lumineux de couleur différente.

— Tous les jours, à n'importe quel moment de votre misérable journée, vous devrez lancer votre dé avant minuit. Si le chiffre un apparaît, vous mourrez dans les heures qui suivent. Comment ? Moi seul déciderai dans quelles atroces conditions vous quitterez ce merveilleux monde.

— Et si nous ne voulons pas jouer ? coupa Adam d'une voix percutante.

Le Démon s'esclaffa.

— Vous mourrez.

Le Démon reprit de nouveau en contemplant un cadre accroché sur l'un des murs de la salle de séjour. La photo représentait Lara et Martial le jour de leur mariage.

— Si vous sortez le chiffre deux, vous devrez relancer le dé. Pour les chanceux qui verront trois petits points noirs s'afficher sur leur objet maudit, ils survivront une journée de plus. En revanche, si ce sont quatre points noirs qui se présentent, vous serez amenés à tuer quelqu'un, n'importe qui, que je désignerai. Dans le cas contraire, vous mourrez. Ensuite, si votre dé porte-bonheur vous offre le chiffre cinq, vous devrez exécuter une action que je choisirai. Si vous échouez, vous mourrez. Si vous réussissez, vous vivrez. Pour terminer, le chiffre six s'emparera de l'une de vos capacités cognitives.

Martial demanda à quel moment le jeu prendrait fin. Le Démon sourit narquoisement.

— Jamais ! Vous êtes condamnés à lancer votre dé pour l'éternité.

Le Démon distribua les dés. Martial en reçut un de couleur marron, Boris un bleu, Adam un jaune et Marc un vert.

— Le jeu débutera demain. Je vous rappelle que vous aurez jusqu'à minuit pour lancer votre dé.

Martial observa l'être qui leur faisait face. Il était autant perdu que ses amis par cette manifestation surnaturelle. Il chassa néanmoins sa peur et laissa la rationalité reprendre le contrôle de son pragmatisme.

— Comment expliquez-vous votre présence ? Vous ne pouvez pas exister. Qui êtes-vous ?

Le Démon s'approcha de Martial et caressa ses cheveux auburn. L'homme retint sa respiration en sentant les doigts de cette créature mi-humaine le caresser. Des doigts longs et fins, comme ceux d'une fée, mais avec des ongles pointus, comme ceux d'une sorcière.

— Je sais que ma présence vous paraît onirique. Pourtant, je suis là. Presque en chair et en os.

Comment pouvez-vous apparaître ? Par quel miracle êtes-vous doté d'un pouvoir de télékinésie ? Impossible. Il ne peut pas exister. Qui l'a créé ? La science ? La nature ? La religion ? Le folklore ? Notre imagination ?

Martial avait envie de lui poser toutes ces questions, mais la terreur l'en empêchait. Il avait la gorge sèche, les jambes en coton, le cœur battant à la vitesse d'un coureur olympique. Pour sa part, Marc avait les yeux baissés et une posture soumise. Il refusait de lever la tête et de soutenir le regard du Démon, même de façon fugace. Adam, lui, ne baissait pas les yeux. Même si l'instant présent lui donnait l'impression de vivre dans une illusion macabre, il continuait de fixer le Démon. Même dans cette situation, qui dépassait toute rationalité, Adam ne comptait pas se soumettre. Le Démon sentit le regard dominateur de l'avocat. Il s'approcha. Son corps opaque se transforma en une fumée noire. Seule sa tête, toujours couverte par cette étrange cagoule noire, était visible. Adam lui cracha au visage. Prétentieux, téméraire, altier, il affirma au Démon :

— Va te faire foutre. Je ne sais pas d'où tu sors, mais je ne jouerai pas à ton fichu jeu.

Le Démon reprit forme humaine. Son corps paraissait plus robuste aux yeux de Boris, qui s'était réfugié derrière Marc. Il cligna des yeux. Adam poussa un hurlement de douleur. Son poignet se plia jusqu'à ce que son majeur touche la peau de son avant-bras. L'un de ses os se brisa et transperça sa peau. Martial porta la main à sa bouche en même temps que Marc poussait un cri d'effroi. Boris ferma les yeux. Les craquements des os parvinrent à se faire entendre à travers les hurlements d'Adam. Le poignet continuait de se tordre. Le sang éclaboussa sa chemise. Le logo crocodile de celle-ci n'était plus que rouge sang. Marc manqua de vomir en voyant l'os. Boris continuait de garder les yeux fermés. Martial aurait voulu aider son ami, mais il ne le fit pas, de crainte de subir le même sort. Puis le Démon stoppa le calvaire d'Adam en un clignement des yeux. L'avocat s'écroula sur le parquet et s'époumona.

Le Démon regarda Martial et s'escamota. Le psychiatre se précipita immédiatement au chevet d'Adam, qui souffrait le martyre. Marc ne parvenait pas à bouger. La terreur l'avait cloué sur place. Boris ouvrit les yeux. Le poignet charcuté d'Adam se refléta dans ses pupilles. Cette image se fixa dans les cellules mémorielles de son cerveau. Jamais il ne pourrait oublier ces os qui transperçaient le poignet. Jamais il ne pourrait effacer cette main torturée, qui pendait.

— J'ai mal ! J'ai mal !

Martial tenta de rester placide et contacta les secours.

— Oui… Exactement. Il s'est tordu le poignet sur la terrasse. Très bien… À tout de suite.

Boris ouvrit grands les yeux et se rua sur Martial, paniqué.

— Tu as menti ? Il faut dire la vérité, Martial. Il faut leur dire.

Martial repoussa Boris, qui le secouait violemment.

— Écoute-moi. On ne peut rien dire. Personne ne nous croira. Calme-toi.

Boris se calma et souffla longuement en écoutant Martial prendre une voix paternelle.

— Boris. Si nous relatons ce fait, les gens vont nous rire au nez. On ne peut rien dire. Nous sommes seuls contre cette créature surnaturelle.

— Je veux rentrer chez moi. Il faut que je sorte d'ici.

Martial posa les mains sur les larges épaules de Boris.

— Je vais nous sortir de là. Une explication scientifique doit exister.

— Et si aucune explication n'existe ?

Martial se tourna vers Marc.

— Il y a toujours une raison à l'impossible.

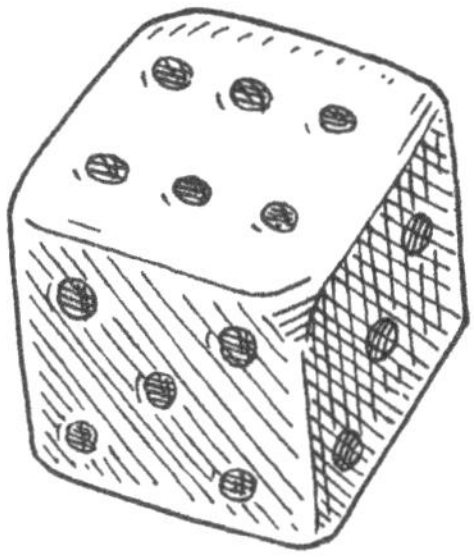

CHAPITRE 3
INSENSÉ

« Il y a le réel et il y a l'irréel. Au-delà du réel et au-delà de l'irréel, il y a le profond. »
Henry de Montherlant

Marc refusait de se lever. Son Samsung indiquait onze heures trente. Être enveloppé dans sa couette lui procurait une profonde sécurité. Jasmine avait déposé Léon chez Martial. Elle avait ensuite emmené les enfants à la librairie choisir des livres d'activités pour le week-end. Le couple Taress refusait que ses enfants soient adeptes des écrans. Jasmine trouvait toujours pour eux un tas d'occupations. Même si Victor commençait à vouloir posséder ce que ses amis avaient, comme un téléphone portable. Son épouse refusait qu'à douze ans, son fils soit obnubilé par un objet qui lui dicterait sa façon de penser, d'agir, de se vêtir. De vivre, tout simplement. Marc pensait que les réseaux sociaux étaient avantageux à juste mesure. Cependant, il partageait l'avis de Jasmine. Liker le dîner du voisin d'en face n'était d'aucune utilité. Sans parler du harcèlement que de jeunes adolescents subissaient. Les réseaux sociaux étaient à double tranchant. À utiliser avec modération, comme l'alcool.

Jasmine entra dans la chambre. Une jolie chambre peinte en bleu ciel. Les épais rideaux gris servaient de volets. Elle les tira. La faible lumière du jour éclaira la pièce. Le ciel gris était désert. La pluie n'avait pas rendez-vous aujourd'hui. Tant mieux pour Jasmine, qui avait prévu une balade en montagne en cette douce journée hivernale.

— Tu as vu l'heure ? remarqua-t-elle froidement. Tu as encore picolé ?

Marc ne répondit pas. Jasmine le secoua. L'odeur de son parfum à la lavande l'aida à se sentir plus léger. La mère de famille aperçut sur la table de chevet le dé vert lumineux.

— C'est quoi ce machin ?

Marc souleva la couette.

— Rien. Donne-moi ça.

Jasmine le dévisagea.

— Tu es drôlement bizarre, ce matin.

Marc se frotta les paupières, bouffies par le manque de sommeil.

— Je suis fatigué.

— Et ce dé ? C'est quoi ?

— Rien.

Marc soupira. Jasmine croisa les bras et fronça les sourcils. Elle détestait voir son époux en état d'ébriété. Cet état lui rappelait Lara, tuée par un chauffard ivre. Comme si Marc lisait dans ses pensées, il se redressa et invita Jasmine à le rejoindre. Sa femme s'assit au bord du lit et oralisa ses pensées. Marc lui caressa le dos. Jasmine lui caressa la joue et lui sourit. Ils étaient devenus ce couple qui n'a plus besoin de verbaliser pour se rassurer. Marc lui rendit son sourire avec une pointe d'amertume à l'idée de lui annoncer que la mort planait désormais au-dessus de sa tête.

Jasmine se leva et quitta la chambre. Marc se laissa retomber sur le matelas. Il prit son téléphone et ouvrit le message de Martial, envoyé deux heures auparavant.

Adam a le poignet cassé. Il sort cet aprèm de l'hôpital.
Je dépose Léon chez la belle-mère. C'est plus prudent.
Tu devrais en faire autant. Je refuse que le Démon s'en prenne à lui.

Tu as parlé à Jasmine ? Elle a dit quoi ?
Tu viens ce soir ? On devrait lancer notre dé en même temps. Tu en penses quoi ?

Marc éteignit son téléphone. Le message de Martial l'avait ramené à la réalité. Ce qu'ils avaient vécu hier soir était bien réel. Il se leva et enfila un tee-shirt noir Adidas, qui mettait en relief ses kilos en trop, puis alluma son ordinateur et chercha sur Internet des informations sur le Dé-Mon. Il tomba sur différents articles expliquant les règles du jeu. Marc désirait plus d'informations. L'origine de ce jeu. Qui l'avait créé ? Quand ? Qui était ce Démon à la morphologie humaine ? Pourquoi était-il affublé d'un genre de combinaison noire recouvrant tout son corps, même son visage ? Un visage inhumain, à commencer par ses longues oreilles pointues et sa bouche longue et charnue. Marc ne trouva pas les réponses à ses questions. Les sites expliquaient seulement la règle du jeu et ses conséquences. Il décida de se rendre sur des forums mais, rapidement, il comprit que c'était le lieu de réunion de tous les paumés de la société ou encore des gothiques, qui croyaient que leur voisin d'au-dessus était un vampire.

Marc regarda son dé. L'objet brillait d'une douce lumière verte. Il composa le numéro de Martial, mais tomba sur sa messagerie. Il lui laissa un message vocal dans lequel il le priait de passer chez eux. Il ne voulait pas affronter Jasmine tout seul. Martial le rappela en moins de deux minutes.

— Je viens de déposer Léon chez Gisèle. J'ai inventé une excuse pour ne pas l'inquiéter.

— Je vois mal la belle-mère croire au Démon.

— Moi aussi. Tu veux que je passe ? Je suis sur la route. Dans quinze minutes, je peux être chez toi. Cependant, il faut que je te dise que je ne pense pas que ce soit une bonne idée. Jasmine est certainement la dernière personne qui voudrait me voir.

— J'ai besoin de toi pour assurer la crédibilité de mes propos.

— Et Bobo ?

— Boris passe son temps à faire des blagues dignes d'un gamin de dix ans. Jasmine pensera immédiatement qu'il s'agit d'un leurre. Toi, tu ne te permettrais pas de blaguer avec elle au vu de votre relation.

— OK. Je suis là dans quinze minutes.

Marc raccrocha et se leva. Il alla dans la cuisine. Jasmine feuilletait un catalogue de cuisine, qui promettait des recettes authentiques sans beurre et sans sucre.

— Que fais-tu ?

— Je regarde la recette d'un gratin sans crème fraîche.

Marc ne répondit pas. Il ne voulait pas pousser Jasmine à concocter ces recettes sans goût. Pour lui, les ingrédients secrets pour réussir un plat étaient le gras, le salé et le sucré. Il ouvrit le frigo et étala sur une tartine de pain des rondelles de saucisson et des cornichons. Manger le détendrait avant l'arrivée de Martial.

— Je te sens fébrile, mon chéri. Tu me caches quelque chose, n'est-ce pas ?

Marc avala son morceau de sandwich tout rond. *Elle me connaît mieux que je ne me connais moi-même.*

— En effet.

Jasmine ouvrit grands les yeux. Marc devina que sa femme s'imaginait le pire. Elle pouvait. Des coups portés à la porte la firent sursauter. Marc alla ouvrir à Martial.

— Installe-toi. Chérie, viens nous rejoindre.

Jasmine avala sa salive et prit place de l'autre côté du canapé pour ne pas être à côté de Martial. Le salon, qui était lumineux et rempli de rires d'enfants, était devenu un lieu funeste et sombre à l'arrivée du psychiatre.

— Vous avez une tête d'enterrement. Qu'avez-vous à me dire ?

Marc et Martial échangèrent un regard. Lequel allait commencer ? Martial décida de se lancer :

— Je vais te résumer notre soirée d'hier.

Face à la mine cadavérique de son époux, Jasmine supposa :

— Vous êtes allés aux putes ? C'est ça ?

Marc secoua la tête.

— Super. Ta pensée en dit long sur ce que tu penses de moi. N'importe quoi. Écoute-le. Tu verras que tu aurais préféré que j'aille aux putes.

Jasmine regarda Martial de ses yeux perçants.

— Je t'écoute.

D'une voix délicate, Martial commença à résumer leur soirée. Le lancer de dé. Le Démon. Les dés à lancer tous les jours. Il évoqua aussi le poignet d'Adam sans détailler. L'image mentale que l'on se faisait d'une fracture ouverte parlait d'elle-même.

Jasmine sourit jaune.

— Attendez. Vous êtes en train d'essayer de me faire croire qu'après avoir joué à un jeu de dé, un type sorti de nulle part vous a donné des dés à lancer tous les jours. Et selon le chiffre sur lequel vous tombez, une action sera à exécuter.

Marc marcha autour du canapé, les mains jointes collées à sa bouche.

— Jasmine, ce type est le Démon, et il s'est manifesté lorsque nous avons joué au Dé-Mon. Martial te l'a bien expliqué.

— Ce que je crois, c'est que vous avez tellement picolé hier que vous avez eu des hallucinations.

— Non, se défendit Martial.

— Comment expliques-tu le poignet d'Adam ? s'agaça Marc.

— Il est tombé sur la terrasse. C'est bien ce que Martial a dit aux urgences, non ?

Marc s'agenouilla à la hauteur de Jasmine.

— Je te jure sur la tête des enfants que ce Démon existe. Je te le jure. Nous aussi, nous avons des difficultés à admettre que c'est réel.

Jasmine inspira.

— Lance ton dé, Marc.

— Quoi ?

— Lance ton dé. Que je voie ce soi-disant Démon.

Martial fixa Marc. La pâleur de son visage effraya Jasmine.

— Pas avec les enfants sous notre toit. Dépose-les chez ta mère. Ensuite, Martial et moi lancerons notre dé. Hein, Martial ?

Ce dernier acquiesça.

— Bien. Je vais déposer les enfants chez ma mère. Je vous préviens, vous ne bougez pas d'ici !

Marc dévisagea Jasmine.

— Pourquoi voudrais-tu qu'on bouge ?

— Je ne sais pas. Je m'attends à tout au vu de votre état psychologique. Vous paraissez perturbés.

— Il y a de quoi, répliqua sèchement Marc.

Jasmine quitta la maison avec Victor et Arielle, qui étaient ravis de passer le week-end chez leur grand-mère avec Léon. Ils avaient emporté des jeux de société et des coloriages. Pendant que sa femme faisait l'aller-retour, Marc se servit une bière. Martial préféra une eau fraîche et pétillante.

— Elle ne nous croit pas. Comment lui en vouloir ? l'excusa Marc, qui fixait un dessin de Victor accroché sur la porte du frigidaire. Peut-être qu'elle a raison ? Nous avons…

— Non, coupa Martial. Notre cerveau ne nous a joué aucun tour. Nous allons lancer notre dé, et elle verra par elle-même. J'espère que le Démon se manifestera.

— Pourquoi ne se manifesterait-il pas ?

Martial soupira. Il regarda son alliance. Une belle bague en or avec les initiales de Lara gravées à l'intérieur. Un bijou d'une valeur sentimentale inestimable. Un objet qui renfermait tous les souvenirs de son couple. Martial craignait que le temps finisse par les flouter dans son esprit. Que le vent emporte l'odeur de Lara. Que ses lèvres ne trouvent jamais les mots simples et profonds pour décrire à son fils la passion qu'il éprouvait encore pour sa mère. Martial n'avait jamais songé à refaire sa vie. Il ne voulait pas et, quand bien même il l'aurait désiré, il se le serait interdit. Pouvait-il aimer une autre femme autant et plus fortement qu'il avait aimé Lara ? Une question qu'il ne s'était jamais posée. Une question qui en soulevait d'autres. Marc claqua des doigts. Martial se réveilla de ses songes.

— Excuse-moi, je réfléchissais au Démon. Je doute fort que celui-ci se manifeste devant Jasmine.

Marc regarda à son tour son alliance. L'aura qui l'entourait n'était pas la même que celle de Martial.

— Pourquoi doutes-tu ?

— Parce que d'autres joueurs avant nous ont certainement eu la même idée. Lancer leur dé en présence de gens extérieurs au jeu. Si le Démon s'est manifesté, pourquoi sa présence n'a-t-elle pas été attestée par les scientifiques, les gendarmes, la justice ? Je suis persuadé que le Démon ne se manifestera pas devant Jasmine ou une tierce personne.

Marc caressa sa barbe. Il se positionna devant la fenêtre, qui donnait sur leur jardin. Les enfants avaient laissé leurs jouets dans l'herbe. Il se tourna vers Martial. Il avait le regard anxieux, comme quand les professeurs du collège lui posaient une question et qu'il était terrifié à l'idée de donner la mauvaise réponse.

— Hier soir, tu as parlé d'un patient qui avait été interné à cause d'une histoire relative au jeu Dé-Mon.

Une lueur passa dans les yeux noisette de Martial. Il se redressa.

— En effet. Tu as raison. J'avais complètement oublié cet événement.

Marc prit place en face de Martial et le fixa.

— Dis-moi exactement ce dont tu te souviens concernant ce patient.

— Je vous ai répété hier tout ce dont je me souviens. C'était il y a quinze ans. J'étais un jeune interne. Il répétait que le Démon avait forcé sa femme et sa fille à commettre des actions délirantes, comme gravir le mont Blanc en maillot de bain.

La porte d'entrée claqua. Jasmine entra, essoufflée. Elle se déchaussa, retira son manteau et prit place sur le canapé.

— J'ai fait aussi vite que j'ai pu. Maintenant, lancez votre dé.

Marc et Martial échangèrent un regard de connivence.

Martial commença le premier. Il sortit de la poche de son jean son dé marron et le jeta sur la table basse. Le dé roula et s'arrêta sur le chiffre quatre. Marc baissa les yeux. Martial s'enfonça dans le canapé. Il voulait s'enfoncer à l'intérieur et y rester jusqu'à ce que le Démon disparaisse pour toujours. Jasmine applaudit.

— Vous représentez à vous deux les conséquences de l'alcool.

Marc ouvrit grands les yeux.

— Là !

Une fumée grise monta le long des murs du salon et se déploya au plafond. Le couple et Martial levèrent la tête. Le Démon se manifesta derrière Martial et lui tapa sur l'épaule. L'homme poussa un cri. Il se retourna et vit le Démon lui sourire à travers sa cagoule. Ses lèvres étaient toujours aussi longues et terrifiantes. Marc recula et se cogna contre le mur. Jasmine fronça les sourcils.

— Vous êtes de grands malades, tous les deux.

— Il est là, affirma Marc.

Le Démon sourit.

— Elle ne peut pas me voir. Elle ne peut que voir la fumée.

Martial répéta les mots du Démon à Jasmine, qui rit nerveusement.

— De nombreux joueurs avant vous ont essayé de me piéger, en vain.

Martial suivit du regard le Démon à forme humaine dissimulé par son étrange combinaison.

— Pourquoi vous nous infligez une telle horreur ? Qui êtes-vous ? Vous ne pouvez pas exister !

Jasmine secoua la tête.

— Je rêve, ou ton pote parle tout seul ?

Marc attrapa le poignet de sa femme et lui chuchota :

— Tais-toi. Il parle au Démon. Tu la fermes maintenant. Je ne veux plus t'entendre.

La stupeur se peignit sur le visage de Jasmine. Marc était tétanisé. Ses jambes flageolaient. Il serrait son poignet avec force et tremblements. Jasmine cessa une seconde de douter des dires de son époux et de son beau-frère. Elle se tut et observa Martial s'adresser à ce prétendu Démon. Celui-ci fit le tour de Martial.

— Je ne suis pas là pour répondre à ta question, mais pour accomplir mes tâches. Tu as sorti le chiffre quatre. Une action meurtrière doit t'être attribuée. Si tu refuses de l'exécuter, tu mourras.

— Doit ? Qui décide cela ?

— Moi seul décide des règles du jeu.

La voix du Démon était caverneuse, mais distincte.

— Pourquoi faites-vous cela ?

Le Démon leva gracieusement la main. Martial se cambra de douleur en plaquant ses paumes sur ses oreilles. Un sifflement irradiait ses tympans.

Le Démon cligna des yeux. Martial récupéra son souffle et fixa les yeux verts étincelants de leur cauchemar, qui s'était agenouillé à sa hauteur.

— Personne ne sait qui je suis.

— Et vous, vous savez qui vous êtes ?

Les yeux émeraude du Démon s'agrandirent. Martial devina qu'il touchait un point sensible et énigmatique. Ils échangèrent un regard de connivence. Un accord tacite se créa entre eux. Ils se comprirent mutuellement. Le regard du Démon venait de révéler une vérité cachée. Un secret enfoui. Le Démon sut à cet instant que cet homme s'acharnerait pour découvrir la vérité, et Martial sut que l'être qui lui faisait face avait compris qu'il ferait tout pour percer le mystère de son existence surnaturelle, dans laquelle se dissimulait sûrement une touche de rationalité.

— Voici l'action. Je veux que tu coupes à la hache les jambes de M. Colin Harpeur.

Le visage de Martial devint aussi blanc que la banquise.

— Quoi ? Comment connaissez-vous Colin Harpeur ?

Les yeux de Jasmine s'écarquillèrent en entendant le nom du chauffard ivre qui avait tué sa sœur.

Le Démon sourit.

— Je sais tout. Je veux que tu lui arraches les jambes comme il t'a arraché le cœur.

Marc fit un bond. Il connaissait la bonté et la sensibilité de Martial. Il savait pertinemment que son ami resterait traumatisé jusqu'à son dernier souffle par le fait de commettre un acte aussi barbare, même envers celui qui avait pris la vie de la mère de son fils.

— Arrêtez ! Vous ne pouvez pas lui ordonner une telle action. Il est médecin. Votre acte barbare va le détruire psychologiquement.

— Qu'est-ce qui se passe ? interrogea Jasmine.

Son regard faisait des allers-retours entre Marc et Martial, blancs comme des linges. Martial expliqua à Jasmine ce que lui ordonnait d'effectuer le Démon. Le visage de la femme rayonna, ce qui effraya les deux hommes.

— Excellente idée.

Marc dévisagea son épouse.

— Tu plaisantes ?

— Non. Ce fils de pute a tué ma sœur. La justice n'a pas été capable de faire son boulot. Ce Démon, là… désigna-t-elle en pointant le Démon du doigt sans le voir, nous donne l'opportunité de rééquilibrer la balance de la justice.

Marc attrapa son épouse par le bras et planta son regard dans le sien. Une profonde souffrance dominait ses pupilles. L'amour sororal semait en elle une vengeance sans pitié. Le Démon sourit diaboliquement. Martial lui jeta un regard noir.

— Et si je vous disais qu'après cette action, vous auriez la possibilité de revoir votre épouse ?

Martial fronça les sourcils.

— Je ne comprends pas. Elle est…

— Morte. Je sais. Mais je peux te donner la possibilité de la revoir. Ta pitoyable belle-sœur pourrait participer elle aussi à cette fabuleuse action et elle aurait le droit également à sa récompense.

Marc se plaça devant Jasmine.

— Laissez ma femme en dehors de vos conneries. Le jeu est entre nous.

— Qu'est-ce qu'il a dit ?

— Rien, répondit sèchement Marc, qui ne quittait pas des yeux le Démon.

Jasmine posa la question à Martial. Marc le supplia par la pensée et le regard de se taire. Le Démon poussa Martial à parler. Il jouissait de leur malheur, ce qui rendait fou Marc. Le psychiatre ferma les yeux et retranscrivit les propos du Démon à sa belle-sœur.

— Je pourrais revoir ma sœur ?

Marc tenta de raisonner Jasmine :

— Chérie. Regarde-moi. Ta sœur est enterrée. C'est impossible.

— Ce Démon était impossible, lui aussi, rétorqua la mère de famille.

Jasmine se précipita vers Martial et se mit à genoux devant lui. Elle agrippa le pan de sa chemise et le supplia :

— Je t'en prie. Obéissons-lui. Je t'aiderai. Je lui couperai les jambes, à ce bâtard. Je nous vengerai. Je vengerai Lara. On nous offre la chance de la revoir. Il faut y croire.

Martial s'agenouilla et prit le visage de Jasmine entre ses mains.

— Tu ne te rends pas compte de ce qu'il demande. Ce geste n'est pas anodin. Il nous demande de couper les jambes de cet homme avec une hache. Je sais que tu as soif de vengeance et que tu veux entendre de nouveau le rire de Lara. Mais nous ne pouvons pas commettre cet acte répréhensible. Lara me manque aussi, Jasmine.

Les larmes ravagèrent les joues de cette dernière.

— Martial, si tu ne le fais pas, ce Démon te tuera. Est-ce que tu veux mourir pour cette créature infâme ? Est-ce que tu veux que Léon grandisse seul ?

Il baissa les mains. Jasmine continua son discours d'une voix plus douce :

— Je t'en prie. Ne laisse pas ce Démon prendre ta vie parce que tu as refusé d'exécuter une action qui se traduit par de la légitimité. Ce Démon ne t'ordonne pas de torturer un homme valeureux tel que Martin Luther

King ou Jean Moulin. Il t'ordonne de torturer un assassin, qui a tué la mère de ton fils. Souviens-toi de cette douleur que tu as éprouvée quand tu as embrassé son corps inerte à la morgue. Souviens-toi de cet instant où tu lui as tenu la main pendant qu'elle mettait au monde la continuité de votre chair. Souviens-toi de ces moments où vous vous compreniez sans parler. Souviens-toi de la façon dont elle posait ses lèvres sur les tiennes. Des courbes de son corps, que tes mains ont mémorisées. Je t'en prie, Martial. Lara n'aurait pas voulu que tu laisses ton fils seul pour ce monstre. Tu ne seras pas tout seul. Je serai à tes côtés pour t'aider. Je ne te laisserai pas tomber. On va lui couper les jambes tous les deux, et ensuite ce taré de Démon nous emmènera revoir Lara.

Les mots poignants de Jasmine avaient réveillé les souvenirs de Martial, qu'il s'était interdit de déterrer. Il leva les yeux vers le Démon, qui jubilait face à leur souffrance, et hocha la tête. *Je vais exécuter ton action barbare.* Marc jeta un regard de dégoût à leur cauchemar.

— Vous êtes monstrueux.

Le Démon se positionna devant Marc. Ses yeux étincelants ne produisaient pas le même effet sur lui.

— Mon âme ne sera jamais charitable.

Le Démon cligna des yeux. Une fumée rouge se manifesta sous ses pieds et se déploya autour de son corps avant de disparaître, emportant avec elle l'être surnaturel.

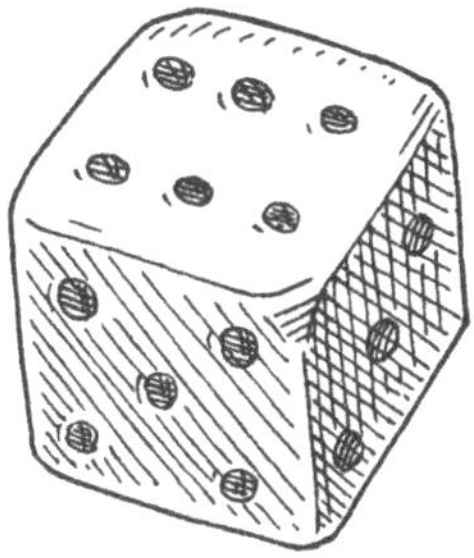

CHAPITRE 4
CHIMÉRIQUE

« Le pays des chimères est, en ce monde, le seul digne d'être habité. »
Jean-Jacques Rousseau

Adam était soulagé de rentrer enfin chez lui. Pendant son court séjour à l'hôpital, il était parvenu à échanger son numéro avec deux infirmières. Une était oiselle. Adam lui avait faussement fait savoir qu'elle était l'élue de son cœur en lui chantant des boniments. L'autre femme n'avait pas été difficile à séduire, puisqu'elle s'était montrée vénale et intéressée dès lors qu'Adam avait souligné être avocat fiscaliste et viser prochainement le poste de sénateur. Un joli sourire s'était dessiné sur le visage bien sculpté de l'infirmière. Adam était un fauve constamment à la recherche de femelles en chaleur, qu'il parvenait toujours à trouver.

Adam avait été élevé par un père sénateur, tyrannique, et une mère effacée, qui ne s'imposait jamais quand son père lui administrait des fessées. Fils unique, il avait obéi à son père toute sa vie. Un père qui désirait que son fils devienne sénateur comme lui. Adam n'y était pas encore parvenu. À chaque repas de famille, son père le pressait de déclarer sa candidature. Adam le lui promettait sans jamais tenir parole. Il craignait de ne pas être à la hauteur, or il savait que l'échec n'était pas admis dans la famille Morani. S'il échouait, son père l'insulterait, le traiterait de bon à rien, et sa mère se contenterait de baisser les yeux sans prendre sa défense. Adam ne supporterait pas de se faire insulter. Il avait coutume de réussir mieux que les autres ce qu'il entreprenait. Un jour, il deviendrait sénateur pour la plus grande fierté de son père, et de la sienne.

Adam s'était souvent demandé comment aurait été sa vie si sa mère avait été Jasmine. Une pensée qui lui hérissait les poils. Jasmine aurait déjà poursuivi son père avec une matraque pour avoir dénigré son fils chéri. Adam avait besoin des dénigrements de son père. Ils étaient son carburant pour rouler sur la route de l'excellence. Quant à sa mère, enfant, Adam s'était demandé si elle n'était pas muette. Les seuls mots qu'elle prononçait étaient ceux destinés à s'excuser. Elle avait toujours les yeux baissés et la tête enfoncée dans les épaules. Elle s'habillait toujours de façon monotone et terne. En grandissant, Adam avait oublié celle qui avait écarté les cuisses pour lui donner la vie. Son père était son modèle et son mentor. L'exemple à suivre. Martial, Boris et Marc avaient rarement mis les pieds chez les parents d'Adam. Les trois amis s'étaient mis d'accord pour affirmer qu'une aura malsaine flottait dans cette sublime maison à deux étages avec piscine, spa et terrain de tennis.

Aujourd'hui, l'avocat habitait dans un appartement spacieux. Tous les murs étaient blancs. De nombreuses statues en bronze signées de la main d'Antoine-Louis Barye étaient exposées sur une étagère dans le salon. Les félins immobiles veillaient sur cette grande pièce froide et sans âme. Quatre fauteuils patchworks incurvés étaient disposés autour d'une table basse en verre, qui se fondait dans un tapis rouge à poils longs. Les couleurs vives des fauteuils égayaient un peu la pièce. Adam s'assit sur l'un d'entre eux. Il leva les yeux au plafond. Le lustre de Murano éclairait à faible intensité le salon. *À quoi bon changer les ampoules, puisque mes jours sont comptés ?*

Adam attendait la présence de Boris pour lancer son dé. Les deux hommes savaient que Marc et Martial s'apprêtaient à révéler leur soirée d'hier à Jasmine. Adam imagina Marc racontant les faits à son épouse. Il tenterait de la rassurer. Il s'excuserait sûrement d'avoir joué à ce fichu jeu de dé que Boris avait suggéré. Adam caressa son poignet cassé. Il n'avait jamais aimé Jasmine. Une femme traditionnelle, mais un peu trop libre selon Adam, qui ne donnait jamais raison aux femmes, même quand elles avaient véritablement raison. Adam préférait Lara, qui correspondait à sa définition de la femme idéale. Discrète, pudique, jolie et intelligente, mais moins que lui, bien évidemment.

Adam se prépara un café et le savoura sur son balcon. La vue sur les montagnes ne l'impressionnait plus. Il avait vu plus beau, plus grand et plus époustouflant au cours de ses nombreux voyages en dehors de l'Hexagone. Un souvenir se raviva dans son esprit. Pour ses dix-sept ans, son père avait convié ses trois meilleurs amis à fêter son anniversaire chez lui. Son père avait été présent, sa mère avait été ailleurs, comme à son habitude. Son père avait vanté ses exploits au braconnage. Il avait montré des photographies de lui à côté d'un zèbre mort, d'un lion ou encore d'un rhinocéros. Martial avait écarquillé les yeux et l'avait sermonné. Le père d'Adam l'avait traité de fragile. Marc avait pris la défense de Martial. Son père les avait alors fichus dehors tous les deux. Seul Boris était resté et s'était fait tout petit. Le père d'Adam lui avait demandé s'il était du côté de ces deux fragiles ou de son côté à lui. Boris avait donné la réponse attendue par politesse et par solidarité amicale envers Adam. Ce dernier n'avait pas excusé le comportement de son père auprès de Marc et Martial, qui n'avaient pas évoqué l'incident les jours suivants. Adam en avait été soulagé.

La sonnette retentit. Adam ouvrit la porte d'entrée en utilisant son smartphone. Boris le rejoignit sur le balcon. Il s'adossa à la rambarde et contempla le paysage.

— Ton poignet va mieux ?

— Les comprimés font pour l'instant effet. Des petites douleurs supportables.

— Des nouvelles de Martial et de Marc ?

— Martial se trouve chez Marc. Ils comptent raconter notre soirée d'hier à Jasmine.

— Tu crois que Jasmine croira à cette histoire ?

— Je me fous de ce que pense Jasmine. Ce qu'il faut découvrir, c'est le comment du pourquoi. Qui est ce type, ce Démon ? D'où vient-il ? Comment a-t-il pu me charcuter le poignet à distance juste par la force de ses pensées ? Tu peux m'expliquer ça, Bobo ?

Boris haussa les épaules.

— Je ne sais pas. J'ai consulté Internet. Je n'ai rien trouvé d'intéressant.

Adam entra dans l'appartement, prit sa cigarette électronique et revint sur le balcon.

— On devrait lancer nos dés.

La peur figea le regard juvénile de Boris.

— Là, maintenant ?

Adam inspira sa fumée et la rejeta dans le visage de Boris, qui la balaya d'un geste de la main.

— Ouais. Tu as ton dé sur toi ?

— Dans la poche de mon blouson.

— Va le chercher.

Boris avala sa salive en devinant les pensées de son ami d'enfance.

— Pourquoi ce serait à moi de le lancer en premier ?

Adam rit narquoisement et balança sur un ton condescendant :

— Peut-être parce que nous sommes enfermés dans cette cage à cause de toi, Bobo. C'est toi qui nous as incités à jouer à ton jeu de merde.

Boris déglutit. Il baissa les yeux. La culpabilité l'envahit. Il n'avait pas imaginé que les événements prendraient cette tournure terrifiante et surnaturelle.

— Je ne savais pas que…

— Je sais. Qui aurait pu le deviner ? Va chercher ton dé. Lance-le et négocie avec ce taré sorti d'un cauchemar. C'est toi qui nous as poussés dans cette cage. C'est toi qui vas devoir trouver la clef pour nous en délivrer.

Boris regarda les montagnes. Il ne réalisait pas que sa vie était devenue un roman horrifique. Un cauchemar. Un enfer. Il avait toujours été le plus utopiste de ses amis, à vouloir constamment les embarquer sur un bateau rocambolesque. Martial était celui qui parvenait toujours à ramener le bateau sur la terre ferme. Marc était son bras droit pendant qu'Adam, lui, se prélassait en laissant les autres s'affairer. Boris observa son ami. *Martial doit sûrement être en train de chercher comment nous aider à sortir de cette cage. Marc aussi. Mais toi, tu laisses depuis toujours les autres patauger dans la merde. Tu pourrais me laisser couler au fond de la mer rien que pour garder le dernier gilet de sauvetage pour toi. Petit, tu étais colérique. Adolescent, insolent. Adulte, arrogant.*

Boris ne répliqua pas. Il retourna dans le salon, fouilla dans ses poches et trouva le dé lumineux bleu. Les points étaient blancs. Ce dé avait quelque chose de beau et d'hypnotisant. Un dé qu'on aurait pu confondre avec celui qui était destiné aux enfants. Boris regarda Adam. Il devrait bien lancer son dé à un moment ou à un autre. Autant que ce soit maintenant, en compagnie de son ami d'enfance. Il jeta le cube. L'objet tourna sur lui-même avant d'afficher cinq petits points blancs. Boris ne se souvenait plus de la signification du chiffre. Il retint sa respiration. Adam fronça les sourcils. Seules les gouttes d'eau qui tombaient du robinet de la cuisine se faisaient entendre. L'avocat porta sa cigarette électronique à sa bouche. La baie vitrée claqua. Les deux hommes sursautèrent. Une fumée rouge sortit du carrelage. Le Démon apparut à l'intérieur des volutes qui se dissipèrent. Il sourit à travers sa cagoule noire et se tourna vers Adam, figé, qui tenait son poignet cassé dans sa main valide.

— Pauvre chéri, on a encore bobo ?

Une note machiavélique flottait dans le timbre de voix calme du Démon.

Adam le fusilla du regard. Il voulait rétorquer, mais la douleur de la veille l'en empêcha. *Va te faire foutre.*

Le Démon regarda Boris, qui gardait les yeux rivés sur le sol.

— Tu es tombé sur le chiffre cinq. Tu vas devoir effectuer une action.

La voix de Boris resta coincée dans sa gorge. Ses mains tremblaient. Il fixait le carrelage sur lequel se reflétait la lumière du jour. Face au silence de Boris, le Démon poursuivit :

— L'action est la suivante : je t'ordonne de traverser une autoroute tout nu avant minuit.

Boris releva la tête.

— Quoi ?

Le Démon s'arrêta devant un bronze de Barye.

— Le lion. Un animal, imposant et majestueux. Un pauvre animal que l'humain chasse pour satisfaire son besoin de domination.

Adam et Boris s'interrogèrent du regard. Aucun des deux hommes ne saisissait les propos du Démon. Celui-ci se retourna vers Adam en désignant du doigt le lion en bronze.

— Vous êtes loin de ressembler à ce félin, vous.

Je t'emmerde.

Le Démon s'approcha de Boris. Adam mima des gestes à l'intention de ce dernier pour qu'il tente une négociation avec leur cauchemar.

— Monsieur ?

Le Démon éclata de rire. Les deux hommes se figèrent en voyant une énorme bouche s'agrandir à chaque éclat de rire diabolique. Boris avala sa salive en même temps qu'Adam. Leur cauchemar se remit de ses émotions. Il jeta un regard noir à Boris. Sa voix était tout aussi angoissante que ses yeux, dont les billes émeraude hypnotisantes n'atténuaient pas la dangerosité.

— Appelle-moi Démon.

Boris tremblait.

— Dé… Démon. C'est ma faute si… si mes amis sont…

Le Démon attrapa Boris par la gorge et serra très fortement. L'homme suffoqua sous la pression des doigts puissants.

— Le jeu a commencé. Respectez les règles ou vous mourrez tous. Sans exception.

Boris hocha la tête avec difficulté. Le Démon relâcha la gorge de Boris et se tourna vers Adam, dont le dos était collé contre la baie vitrée. La masse de son corps musclé cachait les montagnes.

— Lance ton dé !

Adam chercha le dé dans son portefeuille et le sortit, rassuré de ne pas l'avoir égaré ou perdu à l'hôpital. Il lança le cube jaune à la volée sur la table basse. L'objet roula et chuta sur le carrelage, où il continua son chemin pour enfin se stopper contre les plinthes. Le Démon s'accroupit, ramassa le dé et le lança à Adam, qui le réceptionna instinctivement.

— Félicitations ! Tu es tombé sur le numéro chanceux !

Adam ferma les yeux et remercia le hasard. Le Démon regarda Boris, comme pour lui souhaiter bon courage. Puis une fumée rouge naquit sous les pieds de leur cauchemar et l'enveloppa pour le faire disparaître. Sa voix rêche avait glacé le sang de Boris. Adam s'assit sur l'un des fauteuils et poussa un long soupir de soulagement. Boris resta debout, les yeux fixés au sol.

— Bobo, viens t'asseoir.

— Il veut que je traverse une autoroute tout nu.

Adam se leva et leur servit une coupe de champagne.

— Tiens, un millésime. Le meilleur de ma collection. Il a le pouvoir de…

— De faire disparaître ce Démon ? C'est ça ?

— T'énerve pas.

Boris balança la coupe de champagne contre les statues de Barye. L'éclat cristallin choqua Adam, qui se tut.

— Tu n'es qu'un sale d'égoïste, Adam. Voilà ce que tu es.

Boris s'apprêtait à partir quand les paroles d'Adam le retinrent :

— Attends. Tu ne vas pas exécuter cette action tout seul. Je vais t'accompagner.

— Pour quoi faire ?

— Parce que tu es mon ami, merde, Bobo. Je ne vais pas te laisser traverser cette autoroute seul.

— Parce que tu vas la traverser avec moi ?

Adam ouvrit grands les yeux.

— Bien sûr que non. Je t'accompagne au point de départ, et tu me rejoins au point d'arrivée.

Boris s'assit et réfléchit.

— La nuit est en train de tomber.

— Oui. Tu vas littéralement te geler le cul.

— Je me passerai de tes commentaires inutiles et décourageants.

— Excuse-moi, j'essaie de détendre l'atmosphère. Tu as une idée de quelle autoroute tu vas traverser ?

— Oui. Celle en direction d'Annecy en sortant de la ville. J'ai oublié son nom.

— Je vois de laquelle tu parles. Nous pourrions nous y rendre à vingt-trois heures. Cette autoroute est très peu empruntée à cette heure-ci.

Boris acquiesça. Il regarda le ciel s'assombrir comme sa vie. Il eut soudain un fou rire. Traverser une autoroute tout nu. Quelle action ! Quelle absurdité ! Pourquoi ce Démon lui avait-il ordonné une telle chose ? Quel était son but ? Boris tenta mentalement d'analyser les raisons de ce choix. La pudeur y était-elle associée ? La pudeur était-elle un symbole ? Un message que Boris devait décrypter ? Et s'il se trompait ? Si le symbole était la dangerosité ? Le courage de traverser une autoroute, qui s'avérait être terriblement dangereuse, particulièrement la nuit. Des coups frappés à la porte firent disparaître les pensées de Boris. Adam ouvrit. Marc entra, essoufflé, les cheveux ébouriffés, le manteau grand ouvert.

— Vous avez jeté vos dés ?

Les deux amis hochèrent la tête.

— Et ?

Adam expliqua d'une voix lugubre le triste sort de Boris. Marc s'assit sur l'un des fauteuils et but cul sec la coupe de champagne que lui avait tendue Adam.

— C'est affreux et terriblement humiliant.

— Comme tu dis, ajouta Bobo.

— Tout nu ? Pourquoi ? Il doit y avoir un lien avec la pudeur.

— C'est ce que j'ai pensé, répondit Boris, le teint pâle.

— J'ai lancé le mien dans la voiture avant de venir.

— Sur quel chiffre es-tu tombé ? s'enquit Adam.

Marc inspira et s'enfonça dans le fauteuil.

— Le deux. Le Démon s'est manifesté et m'a dit de le relancer. Ce que j'ai fait, et je suis tombé sur le chiffre chanceux.

— Comme moi, commenta Adam, qui marchait dans le salon en vapotant.

— Et Martial ? demanda Boris. Il a lancé son dé ?

Marc attrapa la bouteille de champagne et se resservit.

— Jasmine est impliquée.

Adam cessa de vapoter et s'assit en face de Marc.

— Explique-nous !

— Martial est tombé sur le quatre. Le chiffre associé à l'action de tuer quelqu'un.

Boris se prit le visage entre les mains et pressa Marc de continuer. Ce dernier regarda sa coupe et poursuivit sans lever les yeux :

— Le Démon s'est manifesté. Il a ordonné à Martial de couper les jambes de Colin Harpeur à la hache.

— Attends ! coupa Adam. Couper les jambes, ce n'est pas tuer quelqu'un.

Marc haussa les épaules. Ce détail lui avait échappé.

Ce fut Boris qui répondit.

— Colin Harpeur ne survivra pas à ses blessures, et le Démon le sait. Il veut que ce type meure dans d'atroces souffrances.

Adam pensa à voix haute :

— Colin Harpeur est le...

— Lui-même, acheva Marc. Le chauffard ivre qui a percuté la voiture de Lara. Le Démon a assuré à Martial que, s'il effectuait cette action, il lui donnerait l'opportunité de revoir Lara.

Adam fit un bond.

— Martial ne croit quand même pas à ces allégations ? Lara est morte.

Marc baissa les yeux et fit tourner son alliance.

— Il n'est pas le seul à y croire. Jasmine croit aussi le Démon qui, dans son immense générosité, lui a proposé de participer au massacre pour qu'elle puisse, elle aussi, revoir Lara.

Boris se leva à son tour.

— Ils vont vraiment couper les jambes de ce type ?

— Jasmine est déterminée à le faire. Martial n'a pas le choix. S'il ne le fait pas, le Démon le tuera. À l'heure où je vous parle, ils sont dans un magasin de bricolage…

Adam passa la main dans ses cheveux.

— Tout cela est irréel. Nous allons nous réveiller de ce cauchemar.

Boris rit sèchement.

— Je crains que l'irréel ne soit bien réel.

— Je m'inquiète pour Jasmine. La vengeance l'aveugle. Elle a hâte de torturer cet homme. Elle répète que ce n'est que justice.

Boris haussa les épaules.

— Elle n'a pas tort. Combien de personnes innocentes, dont des enfants, meurent sur les routes à cause de gens irresponsables au volant ? Des égoïstes qui se croient au-dessus des lois. Ils emmerdent le gouvernement. Ils jouent les indestructibles sur la route parce que l'alcool et la drogue coulent dans leur sang en leur donnant l'illusion d'être les rois du monde. Alors que la seule chose dont ils sont rois, c'est de leur volant et de la pédale de frein, que ces cons ne maîtrisent pas.

Adam s'adossa sur son fauteuil, cracha la fumée saveur réglisse de sa cigarette électronique et déclara :

— La justice ne sera jamais assez bien pour tout le monde. Dans l'esprit collectif, la justice la plus juste et légitime est celle que nous appliquerions nous-mêmes. Mais serait-ce une bonne idée de faire justice nous-mêmes ? Sans doute, aux yeux des victimes. Sans doute pas aux yeux de gens comme moi. Nous pourrions philosopher pendant des heures sur ce sujet, mais ce serait perdre du temps inutilement, surtout quand on sait que le nôtre est compté avec ce Démon. À ce propos, personne ne sait qui il est ? Il doit bien y avoir des infos sur Internet le concernant ? Ou même dans des bouquins ?

Marc secoua la tête.

— J'ai consulté Google, en vain. Seule la légende du jeu est présentée. Pour ce qui est du Démon, rien. J'ai tapé plusieurs mots-clefs. Rien. Personne ne sait qui a créé ce jeu. Quand. Où. Comment. Pourquoi. Rien.

Boris toussota.

— Au collège, les gamins prétendent que ce jeu existe depuis la Seconde Guerre mondiale. Voilà peut-être une piste ?

Adam alla dans la cuisine et revint avec un cake au chorizo.

— Je vous propose de grignoter avant notre virée nocturne. Surtout toi, Bobo. Tu vas avoir besoin de forces.

Les hommes cessèrent de parler du Démon. Pendant un court instant, ils reprirent le cours normal de leur vie. Marc évoqua ses problèmes professionnels et indiqua à ses amis qu'il avait posé une semaine de congés pour mieux appréhender les événements horrifiques à venir. Boris évoqua ses difficultés à louer un appartement à cause des taux des banques, en hausse. Il décida aussi de poser une semaine de congés afin de ne pas être perturbé par la présence de ce Démon. Adam se plaignit des justiciables qu'il rencontrait en audience. L'avocat refusait de prendre congé de son travail, mais il reconnut qu'il ne pourrait pas mener de front sa vie professionnelle si la crainte de voir le Démon se manifester planait sur son esprit. Ces conversations banales leur firent du bien. Ils avaient besoin de se retrouver pris dans cette routine, si tranquille auparavant.

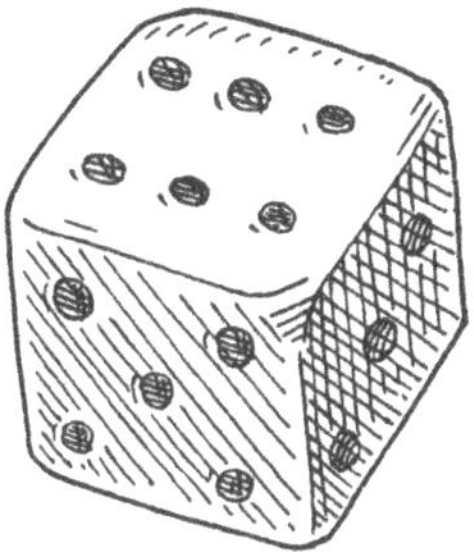

CHAPITRE 5
TENTATION

« La tentation la plus dangereuse : ne ressembler à rien. »
Albert Camus

Jasmine raccrocha. Sa mère était d'accord pour garder les enfants la nuit avec Léon. Gisèle avait assuré à sa fille que ses petits-enfants étaient très calmes. Jasmine avait fait une moue en entendant les cris de ses enfants et de Léon en fond sonore. La mère et la fille avaient sûrement une définition bien différente de l'adjectif « calme ».

— Alors ? demanda Martial.

Jasmine posa le téléphone sur le buffet de la cuisine et sortit les articles des sacs de course.

— Les enfants sont a priori très calmes. Victor est tellement heureux d'être avec son cousin qu'il n'a même pas pris le temps de me dire « bisous » ! Quant à Arielle, elle a dit qu'elle me rappellerait plus tard. Si, à cet âge-là, ils me snobent de cette façon-là, je n'ose pas imaginer leur comportement à l'adolescence.

Martial rit. Son sourire disparut très vite quand il vit Jasmine manipuler la hache.

— Tu sais, Martial, ça fait cinq ans que je rêve de ce moment. Pas toi ?

— Si, bien sûr.

Pourquoi mentirais-je ? Je m'endors chaque soir en m'imaginant tuer cet homme de mes propres mains. Mais le tuer ne changera pas le présent. Le tuer ne me ramènera pas ma femme. Le tuer ne servira qu'à assouvir ma vengeance.

— Mais le tuer ne fera pas revenir Lara. Tu le sais, n'est-ce pas ?

— Oui. Seulement, tu oublies que ce Démon nous a certifié que, si nous coupions les jambes de ce salopard, il nous emmènerait voir Lara. J'y crois. Tu sais pourquoi ?

Martial coupa l'étiquette cartonnée d'une paire de gants et leva les yeux vers Jasmine pour lui affirmer qu'il l'écoutait.

— Parce que ce Démon est… comment dirais-je ?

Jasmine chercha ses mots en aidant Martial à arracher les étiquettes des articles.

— Sa présence est impossible, et pourtant… Certes, une explication scientifique doit bien exister, et je pense même que tu es le seul à pouvoir…

Martial ralentit ses mouvements. Il n'écoutait plus Jasmine. Sa belle-sœur avait prononcé un mot. Le mot « scientifique ». Avant que Jasmine rentre tout à l'heure, Martial et Marc évoquaient le neurologue dont Martial avait parlé la veille. Un médecin interné en psychiatrie affirmant que le Démon avait tué son épouse et ses filles. *Non. Une de ses filles. La deuxième est toujours vivante. Il faut que je rencontre ce patient. Il faut que je le voie. Demain matin, je prendrai contact avec mon ancien professeur. Il saura me renseigner. Est-ce que ce patient est toujours interné dans le même établissement psychiatrique ?*

— Tu m'écoutes ?

— Tu me disais que je suis le seul à pouvoir découvrir qui est le Démon, car j'ai toujours été le plus sagace.

Jasmine fit une moue.

— Je dirais perspicace. Lara admirait cette qualité chez toi. Elle adulait ta complaisance. Elle enviait ta noblesse. Elle voulait posséder ton altruisme. Quand elle parlait de toi, ses yeux brillaient. J'en étais même jalouse. Avant, c'était moi qu'elle idolâtrait, pas toi.

— C'est pour cette raison que tu ne m'as plus apprécié quand Lara et moi nous sommes mis en couple ?

Jasmine ne répondit pas tout de suite. Elle se remémora les années où Marc et elle fréquentaient Martial avant que celui-ci rencontre et épouse sa cadette. La mère de famille reconnut que Martial avait été un ami fidèle. Toujours un compliment donné par gentillesse. Toujours cinq minutes de retard par courtoisie.

— Ma sœur et moi étions inséparables enfants et adolescentes. Je représentais l'intrépidité, elle était la définition de l'ingénuité. Nous nous serrions les coudes, car…

Jasmine tourna la tête, fit mine de se servir à boire et en profita pour changer de sujet. Martial ne releva pas. Il connaissait l'histoire de Lara, qui était également celle de Jasmine. Une sale histoire parmi tant d'autres.

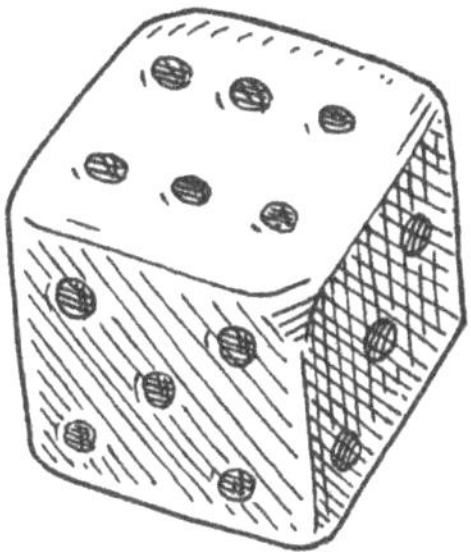

CHAPITRE 6
ACTION

« Les actions héroïques se font le plus souvent simplement. »
Bruno Samson

Il était vingt-deux heures cinquante. Marc se trouvait dans la voiture d'Adam garée sur le bord de l'autoroute. Il échangea quelques SMS avec Jasmine, qui l'informa qu'elle avait parlé aux enfants au téléphone. Elle lui raconta que Victor avait dit « bisous » à la va-vite et que leur fille préférait terminer son coloriage plutôt que de venir parler à sa mère. Marc la rassura. Les enfants grandissaient. Un jour viendrait où ils claqueraient la porte, et un autre jour viendrait où ils auraient besoin de la rouvrir.

Adam et Boris étaient déjà dehors, observant l'autoroute que Boris allait devoir traverser. Marc s'apprêtait à descendre de l'Audi quand un tissu attira son attention dans la portière avant. Il l'attrapa et leva les yeux au ciel. Il s'agissait d'un string noir en dentelle. Marc fronça les sourcils en découvrant que le string cachait un petit objet. Le père de famille s'en empara avec curiosité : un rouge à lèvres, mais en apparence seulement, car, quand il dévissa le capuchon, un gode apparut. *La vache !* songea-t-il en écarquillant les yeux. Marc retourna l'accessoire dans tous les sens et vit un petit bouton. Il appuya, et la queue en silicone s'activa, tournant sur elle-même. *Je devrais offrir ce type de rouge à lèvres à Jasmine. Je ne sais pas si elle aimerait. Pourquoi pas ?* La portière s'ouvrit. Les lumières de la voiture éclairèrent Marc et son accessoire sexuel dans la main.

— Tu veux l'essayer ou tu veux me le piquer pour ta femme ?

— Trop gros pour moi et trop petit pour Jasmine.

Marc sortit de la voiture. Statufié, Boris arborait un teint cadavérique. Il regardait les véhicules défiler dans l'obscurité. Marc posa sa main sur son épaule et le rassura en utilisant le ton qu'il prenait avec ses enfants, quand ceux-ci lui affirmaient qu'un monstre rôdait dans leur jardin.

— Tout va bien se passer. Nous sommes là.

Boris se retourna vers Adam.

— Tu me disais que le trafic est faible à cette heure-là ?

Adam haussa les épaules en crachant une fumée verte sentant la menthe de sa cigarette électronique au visage de ses amis.

— Pour te rassurer. Le trafic commercial est tout de même présent, peu importe l'heure.

— Super, murmura Boris.

Les pneus des véhicules épousant la route étaient les seuls sons qui brisaient le silence de la nuit. Les étoiles étaient absentes, comme si elles voulaient préserver l'intimité de Boris.

— J'ai tellement peur.

Adam se positionna à côté de Marc.

— C'est bon, Bobo. Estime-toi heureux que ce taré de Démon t'ait donné cette action. Il aurait pu te donner pire que de traverser une route à poil.

Il a raison. Pourtant, je ne cesse de penser à cette action. À poil, nu, c'est lié à la pudeur. J'en suis certain. La pudeur est associée à un élément que nous ignorons. Un symbole. Il faudra que j'en parle à Martial. Il saura trouver ce que ça signifie.

Adam frappa dans ses mains.

— Ce n'est pas tout, Bobo, mais on se gèle le cul ici.

Marc balança un coup de coude à Adam et lui fit les gros yeux.

— C'est bon, je plaisante. On se rejoint de l'autre côté.

Adam échangea une accolade avec Boris.

— Prouve à ce connard de Démon sorti de nulle part que tu peux le défier. Sois prudent.

Boris regarda l'Audi d'Adam continuer tout droit en vue de prendre une sortie plus loin et de faire demi-tour. Dans quelques minutes, ses meilleurs amis seraient de l'autre côté. Il inspira longuement et passa sous la glissière de sécurité. Il se retrouva sur la bande d'arrêt d'urgence. Les voitures et les camions ne firent pas attention à lui. L'obscurité l'entourait, le rendant quasi invisible. Il baissa la tête. Commença par se déchausser. Retira ses chaussettes avec délicatesse. Ses pieds nus sur le goudron le firent frissonner. Il déboucla sa ceinture et retira son jean. Ses muscles se contractèrent en sentant le froid lui piquer la peau. Il balança son blouson, retira rapidement son pull, et ses mains se figèrent quand elles touchèrent son caleçon. Si le froid était insupportable, se mettre tout nu dehors devant les automobilistes l'était encore plus. Boris tourna la tête. Marc et Adam se trouvaient de l'autre côté. Les bras croisés, adossés contre les portières de l'Audi. Il ferma les yeux et retira son caleçon doucement. Le vent glacial embrassa la chair de sa queue, qui se dressa. Le froid congela ses testicules. Il sentit comme deux gros blocs de glace pendre. Il regarda son entrejambe. Avec ses mains tremblantes, il cacha son pénis.

Adam lui fit signe de la main. Boris comprit. Le moment était venu. Sur la première allée, aucun véhicule ne roulait, pour l'instant. Il franchit la ligne blanche de la bande d'arrêt d'urgence et traversa le premier couloir en marchant en pingouin. Le froid congelait ses muscles. Boris entendit Marc lui hurler de bouger pour éviter que ses membres ne gèlent. Il tremblait. *Facile à dire. Ce n'est pas toi qui te trimballes la bite à l'air de nuit sur une autoroute.* Perdu dans ses pensées, Boris ne remarqua pas qu'il s'était arrêté. Les coups de klaxon le ramenèrent au moment présent. Il leva la tête. Un camion fonçait sur lui. Il hurla et se jeta sur le bas-côté. Ses jambes frottèrent contre le goudron, lui arrachant la peau. Il se releva. Une horde de voitures arrivait. Il se précipita vers l'autre moitié et récupéra son souffle avec difficulté. Le froid lui brûlait la peau. Son cœur ralentissait. Ses mains devenaient violettes. Il entendit Adam et Marc l'encourager. Il se redressa et traversa les deux prochaines voies en courant. Un camping-car fit une embardée pour l'éviter. Un instant,

Boris crut que le conducteur allait s'arrêter. Ce ne fut pas le cas. Le camping-car continua sa route et disparut dans l'obscurité.

Boris respirait avec difficulté. Plus qu'une voie. *La der-der,* songea-t-il en courant aussi rapidement qu'il le pouvait. Il se jeta sur la glissière de sécurité et se laissa tomber. Adam et Marc le soulevèrent et l'emmenèrent dans la voiture. Adam avait réglé le chauffage au maximum. Marc posa une couverture sur Boris, dont le corps était crispé et violacé. Adam récupéra les vêtements placés dans le coffre pour rhabiller Boris, qui ne parvenait plus à bouger le moindre doigt de pied.

— J'ai froid, murmura-t-il.

— Tu as les fringues ? demanda Marc.

— Oui. Tiens, enfile-lui le pull.

Marc secoua Boris et lui mit avec difficulté son pull.

Adam se chargea de lui enfiler son caleçon.

— Tu as vu sa bite ? Elle est bleue. On dirait la bite du Grand Schtroumpf.

Marc secoua la tête.

— Tu es sérieux ? Enfile-lui ce caleçon et arrête de mater sa queue.

Adam rabattit la couverture sur les cuisses de Boris, qui claquait des dents.

Marc et Adam descendirent de la voiture et laissèrent leur ami allongé sur les sièges arrière. Adam sortit sa cigarette et Marc son téléphone.

— S'il n'attrape pas la grippe, il aura de la chance. Eh, tu m'écoutes ?

— Oui. Je consultais mes SMS.

— Une urgence au travail ?

— Non. Jasmine et Martial. Je m'inquiète pour eux. Ce qu'ils s'apprêtent à faire constitue un crime.

— Pour ta femme, ce n'est pas commettre un crime, mais rendre justice.

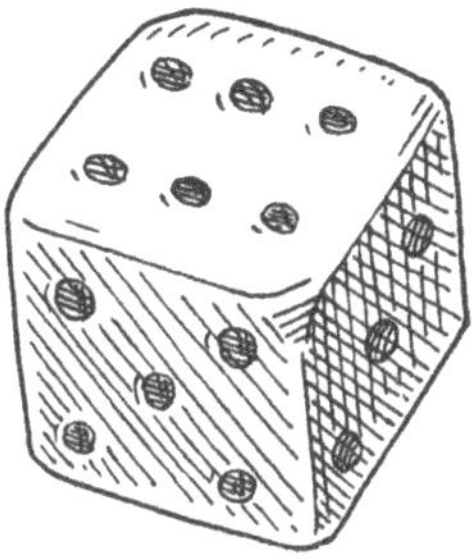

CHAPITRE 7
JUSTICE

« La vengeance est une justice sauvage. »
Francis Bacon

Jasmine et Martial étaient dans la voiture. Ils observaient le pavillon de Colin Harpeur. Un joli jardin bien entretenu, surveillé par des lutins. Des volets tous fermés, qui vieillissaient mal. Une façade couverte de fissures. Jasmine vérifia une énième fois dans son sac à dos si tous les équipements étaient là. Elle sortit de nouveau la hache de taille moyenne avec laquelle elle allait venger sa sœur. *Je vais t'arracher les jambes comme tu as arraché la vie de ma sœur.* Martial scruta Jasmine. Son enthousiasme l'effrayait. Il regarda sa montre. Les réverbères de la rue s'éteignirent tous en même temps. Dans l'obscurité, il vit un sourire radieux se dessiner sur les lèvres de sa belle-soeur.

— C'est l'heure, annonça-t-elle d'une voix déterminée.

Martial ouvrit la portière et la referma délicatement. Jasmine fit de même. Cagoulés et camouflés, ils balayèrent du regard la rue déserte, puis se ruèrent sur le portillon du jardin de Colin Harpeur. Martial l'ouvrit. Le portillon ne grinça pas. Jasmine le suivait avec son sac à dos. Martial clencha la porte d'entrée. Il fit un signe de tête à Jasmine, qui comprit le message. Faire le tour de la maison. Le beau-frère et la belle-sœur contournèrent la demeure. Le jardin de derrière était minuscule et moins bien entretenu. Une chaise en plastique blanche était retournée. Une deuxième, sur laquelle étaient posés des pots de fleurs, était calée contre le grillage. Une tondeuse était laissée à l'abandon.

Martial vit une deuxième porte d'entrée, en verre. Il s'approcha et scruta l'intérieur de la maison. Le salon et la cuisine ne faisaient qu'une pièce. Un escalier menant à l'étage était visible. Il attrapa le bras de Jasmine et l'invita à regarder à son tour. La sœur endeuillée fut frappée de découvrir un si petit intérieur. La cuisine était pauvre. Seulement un robinet et deux étagères avec un lave-vaisselle placé en dessous. Le salon ne contenait qu'un canapé bon marché et une lampe qui était encore allumée. Martial tenta d'actionner la poignée. Cette porte était aussi fermée à clef. Jasmine sortit un pied-de-biche de son sac. Il recula et la laissa faire plusieurs manœuvres avant de parvenir à ouvrir la porte avec dextérité. La pièce sentait le brûlé. Jasmine identifia la source de l'odeur. Deux radiateurs à pétrole étaient branchés à des prises. Martial regarda le canapé. Un tabouret était placé au centre, faisant office de table basse, au vu des deux bouteilles de bière et du journal posés dessus. Jasmine chuchota :

— L'étage. Il est à l'étage.

— Je sais. Je monte le premier.

Martial posa son pied sur la première marche. Celle-ci grinça. Il se mordit la lèvre. *Si la première grince aussi fort, je n'imagine pas les dix autres.*

— On devrait les monter rapidement et deux par deux, suggéra Jasmine, qui devança Martial et grimpa les marches avec souplesse et silence.

Martial l'imita en gardant sa lampe-torche à la main. Jasmine leva son index et le posa sur ses lèvres. Deux portes étaient fermées. Elle fit signe à son beau-frère de ne pas bouger. Le silence qui les enveloppait le terrorisait. Il laissa Jasmine prendre les commandes de l'opération. La quadragénaire appuya sur la clenche et ouvrit la première porte. Une odeur répugnante d'urine mélangée à du gel douche lui sauta au nez.

Elle referma et désigna du doigt l'autre porte. Martial hocha la tête. Il sortit un pistolet à billes acheté l'après-midi même. La mère de famille le précéda et ouvrit la porte. La télé allumée éclairait la pièce. Un homme, torse nu, était allongé sur la couette et ronflait. Jasmine se tourna vers l'écran. Elle rit en découvrant un épisode de *Faites entrer l'accusé. Nous sommes dans l'ambiance,* pensa la femme au moment où Martial entra.

Le souffle coupé, le médecin se retrouva dans le passé en quelques minutes. Le corps de son épouse à la morgue. Le tribunal. Les sanglots de Colin Harpeur, désolé d'avoir pris la vie d'une mère de famille parce qu'il avait trop bu avec ses potes. Martial serra sa lampe-torche. Il était là, le fruit de sa souffrance. Il avait longtemps culpabilisé. Mais, face à ce tas de graisse répandu sur le lit, la culpabilité le quitta. Elle s'envola, et la colère prit sa place. De même que sa pitié, qui s'en alla très loin, remplacée par la cruauté. Sa clairvoyance le quitta aussi au profit de la folie, qui pénétra dans son esprit. Jasmine devina ses pensées. Tous deux hochèrent la tête. La justice allait être rendue ce soir.

Jasmine se positionna à côté de Colin et lui caressa les cheveux avec ses mains gantées. L'homme fronça les sourcils et ouvrit légèrement les yeux. Il sursauta en découvrant une femme vêtue d'une combinaison noire accroupie près de son lit. Jasmine avait pris soin d'enrouler son épaisse chevelure en chignon. L'homme, dont les tétons pendaient, la dévisagea. Il avait les cheveux noisette et une barbe mal rasée. Il ne vit pas immédiatement Martial, le pistolet à la main. Jasmine effleura la table de chevet avec son doigt, ramassant au passage des boules de poussière.

— Colin. Cela fait combien de temps ? Cinq ans ?

Les yeux bruns de Colin s'agrandirent en comprenant qui étaient les deux individus postés sur son parquet. Martial ne parla pas. Jasmine s'en sortait très bien sans son intervention. Colin avala sa salive. Il se redressa.

— Je… Vous…

Jasmine s'assit à côté de lui et jeta un coup d'œil à Martial pour faire comprendre à Colin que, s'il tentait un geste brusque, celui-ci saurait riposter.

— Je suis la sœur de Lara.

La voix de Jasmine était calme, mais un brin de machiavélisme flottait dans ce timbre doux.

— Tu te souviens de Lara, n'est-ce pas ?

Colin se contenta de hocher la tête.

— Je n'ai pas entendu. Tu te souviens d'elle ?

— Oui, murmura l'homme.

Jasmine se leva et marcha dans la petite chambre à l'odeur de transpiration étouffante.

— Qui était Lara, Colin ? Que lui as-tu fait ?

Colin sauta du lit. Martial souleva l'arme. L'homme se mit à genoux devant Jasmine et joignit les mains.

— Pitié. Pitié.

Les larmes coulaient sur les joues de Colin. Des larmes qui n'attendrirent pas Jasmine. Elle attrapa une poignée de ses cheveux et lui tira la nuque en arrière.

— Réponds. Raconte-nous ton histoire, ou bien ce monsieur te logera une balle dans les couilles. Oh, je ne te l'ai pas présenté. Mais tu l'as reconnu, n'est-ce pas ?

— Oui, sanglota Colin, qui lança à Martial un regard implorant.

— Raconte-nous l'accident, relança Jasmine.

Colin tomba par terre et s'exécuta, la voix pleine de sanglots et de regrets :

— J'avais vu des amis avant de prendre la route. Nous avions bu, beaucoup. Et… j'ai cru que je pourrais conduire. Je ne pensais pas que l'alcool aurait altéré mon champ de vision. La voiture de votre sœur me paraissait tellement loin.

Jasmine attrapa de nouveau les cheveux de Colin. La rage montait en elle. Son cœur battait au même rythme que celui de l'homme.

— Alors, quand on boit, on fait quoi, Colin ? On prend le volant, au risque de tuer des innocents, ou on reste chez soi à attendre sagement que l'alcool dans notre sang disparaisse ?

Colin pleurait en les suppliant. Jasmine lâcha ses cheveux et lui envoya un coup de poing dans le nez en lui demandant de répondre à la question. Martial observait la scène, déconcerté et stupéfait par l'aplomb de Jasmine. Le deuil l'avait transformée en un être dénué de toute pitié. La vengeance la ravageait.

— On reste chez soi, sanglota Colin.

Jasmine applaudit et lui tapota aimablement la joue.

— Maintenant, allonge-toi sur ton lit.

Colin obéit. Jasmine s'empara des cordes.

— Vous... vous allez me faire quoi ? s'inquiéta le meurtrier de sa sœur.

Jasmine lui sourit de toutes ses dents.

— Je vais t'attacher, et nous allons quitter cet endroit qui pue la merde pour rentrer chez nous.

L'incompréhension se peignit sur le visage de Colin.

Le ton de Jasmine sonnait faux.

— Donne-moi ton poignet.

L'homme se redressa.

— Pourquoi vous m'attachez ? Je vous promets de ne pas appeler la police. Je vous le jure.

Jasmine fit mine de réfléchir, savourant perversement l'espoir qui se manifesta dans les yeux de sa victime.

— Obéis. Ne force pas ce monsieur dont tu as tué la femme, la mère de son fils, à te tirer dans les couilles. Tu aurais très mal. Vraiment très mal.

Les larmes inondèrent les joues bouffies de l'homme. Il s'allongea de nouveau sur le dos et laissa Jasmine l'attacher. Elle noua autour de son poignet une corde qu'elle attacha ensuite autour d'un des barreaux du lit. Elle répéta la même opération sur l'autre poignet. Colin jetait des regards suppliants à Martial. Celui-ci ne se laissa pas attendrir. Il haïssait cet homme autant que Jasmine. Il avait tué la mère de Léon. Cet homme en face de lui avait privé son fils de sa mère en l'empêchant de grandir avec elle. Et il l'avait privé, lui, de la possibilité de vieillir avec sa femme.

— Voilà.

Jasmine se frotta les mains.

— Le travail peut commencer.

Elle fouilla dans son sac à dos et sortit un bâillon.

— Non. Vous aviez dit...

Jasmine s'assit sur le bord du lit et caressa le front de Colin.

— Qu'est-ce que j'ai dit ? Ah oui, je m'en souviens. En réalité, je vais te torturer comme tu as torturé mon corps et mon âme pendant cinq ans. Cinq ans pendant lesquels j'ai souffert de l'absence de ma sœur parce que tu l'as envoyée rejoindre le paradis, si ce foutu paradis existe.

Jasmine inspecta la chambre en continuant de monologuer d'une voix sereine qui effraya Colin :

— Ma petite sœur était une femme formidable. Elle était pâtissière, comme moi je l'étais avant de devenir une mère au foyer. La pâtisserie était notre passion commune, et nous en avons fait notre métier. Le jour où tu l'as percutée, elle sortait d'un entretien d'embauche au sein d'une boulangerie-pâtisserie. Elle était ravie de pouvoir reprendre le travail après son congé parental. Elle était soucieuse de mettre ses talents au profit d'autrui. Puis un bâtard, c'est-à-dire toi…

Jasmine pointa Colin, dont les yeux sortaient de leurs orbites.

— … l'a percutée de plein fouet. Le choc a été tellement violent que sa boîte crânienne a explosé. J'entends les chocs, le fracas de ses os.

Martial ferma les yeux. Il avait aussi imaginé cette scène. Il avait tenté de chasser ces images où il voyait la tête de sa femme jouer au flipper entre le volant, la vitre et le siège. Il cligna des yeux en entendant la suite.

— Un choc tellement violent que ses dents se sont brisées contre le volant. Son nez s'est démoli contre ce putain de volant. La vitre du pare-brise lui a explosé en plein visage, s'enfonçant dans ses yeux. Dieu merci, elle était déjà morte. Enfin non, pas « Dieu merci ». Car si ce foutu Dieu existait, la souffrance serait un mot inconnu du dictionnaire. Un écrivain a dit un jour que si Dieu existait, aucun enfant ne naîtrait aveugle.

— Stop ! Passons à l'action, coupa Martial, qui ne supportait pas la situation.

Jasmine sourit. *Elle a le sourire de ce Démon. Un sourire diabolique,* pensa Martial, qui tenait toujours l'arme à la main. La sœur endeuillée sortit une hache. Colin murmura des sons que le bâillon retenait. Il agita ses jambes, que Jasmine n'avait pas attachées. Elle voulait savourer ce moment en regardant les jambes de l'homme se débattre, lui donnant la belle illusion qu'il pourrait éviter le danger. Jasmine avait rêvé de ce moment pendant cinq ans. Elle n'avait pas supporté que cet être puisse vivre, alors que sa sœur se trouvait six pieds sous terre. Elle était devenue hystérique en entendant la peine prononcée lors de l'audience.

Jasmine avait mal. La plaie était ouverte depuis trop longtemps. Seuls ses deux enfants en étaient le pansement. Ce n'était pas la maladie qui avait tué Lara. C'était un homme, qui avait volontairement pris le volant en étant en état d'ivresse. Il savait que l'alcool au volant était répréhensible. Il connaissait les risques encourus, et il avait quand même pris le volant, pensant qu'il se trouvait au-dessus des lois. Pensant qu'il maîtrisait son véhicule. Pensant que la route lui appartenait et que tous ceux qui se trouveraient sur son chemin ne valaient rien. S'il leur arrivait quelque chose, ce serait tant pis pour eux. Colin avait exprimé ses remords à la famille de la défunte. Jasmine l'avait foudroyé d'un regard noir. Regretter était trop facile. Il avait tué une mère de famille et devait désormais en payer le prix. Jasmine était déterminée à le faire, surtout si elle avait l'opportunité de revoir Lara, ce que leur avait affirmé ce Démon. Une fois l'action effectuée, tous les deux retrouveraient Lara pour un court instant. Un seul instant où la grande sœur pourrait dire à sa petite sœur combien elle l'aimait.

Jasmine imaginait ses retrouvailles sororales quand du sang éclaboussa son visage de porcelaine, accompagné de hurlements étouffés par le bâillon. Elle ferma les yeux et les rouvrit pour découvrir que Martial s'était chargé de commencer le travail. Il regarda Jasmine. La cuisse de l'homme était ouverte, laissant entrevoir un muscle qui battait comme un cœur. Du sang s'échappait de la plaie et inondait déjà le drap. Martial la fixa.

— Tu crois être la seule à rêver d'une vengeance impitoyable ? S'il a tué ta sœur, il a aussi tué ma femme et la mère de mon fils.

Martial leva la hache. Colin agrandit des yeux horrifiés, apeurés. Il tenta de prononcer un mot, en vain. Il serra le tissu avec ses dents et ferma les yeux. Martial abattit la hache sur son tibia.

La lame arracha la peau et cassa l'os, qui émit un craquement atroce. Il leva de nouveau sa hache et frappa le genou. Colin se cambra en tentant de crier sa douleur obstruée par le bâillon. Des larmes inondèrent ses joues, mais aucune ne parvint à attendrir les deux êtres vindicatifs, qui se trouvaient chacun d'un côté du lit. Jasmine ne bougeait plus. Elle regardait Martial sortir toute la colère enfouie depuis cinq ans. Elle lui avait reproché la mort de sa cadette, car c'était lui qui devait récupérer Léon à sa sortie d'école. *Comment ai-je pu refuser de voir qu'il souffrait autant que moi ? Le sang de Lara coule dans mes veines, et lui, Martial, il est l'homme qu'elle aimait. Il était celui qui la connaissait autant que je la connaissais. Maintenant, je le vois déverser sa haine, sa tristesse, sa rancune, sa vengeance, sa culpabilité.*

Le regard de Jasmine se tourna vers Colin, qui s'était évanoui. Martial recula, les yeux exorbités. Il lâcha la hache et regarda ses paumes ensanglantées. La jambe droite de Colin était réduite en bouillie. L'homme avait perdu connaissance dès lors que la hache avait embrassé son genou. Martial avait la tête qui tournait. Il se retourna, refusant de voir la boucherie étalée sur le matelas. *C'était ça, ou mourir en laissant Léon grandir seul. Je n'avais pas le choix. Est-ce que j'ai éprouvé du bien-être ? Non. Est-ce que je culpabilise toujours autant ? Oui. Est-ce que la haine vit toujours en moi ? Non. Est-ce que la tristesse m'enveloppe toujours autant ? Oui. Est-ce que la vengeance plane toujours dans mes pensées ? Non. Est-ce que j'ai des remords ? Non. Cet homme n'était pas un ange. Il n'était pas innocent. Il a tué une femme innocente. Une femme qui, soit dit en passant, était abstème. La vie est ironique.* Jasmine posa sa main sur l'épaule de Martial.

— Ça va ?

— À ton avis ? Je viens de torturer un homme de mes propres mains. Je suis devenu psychiatre pour soigner l'humanité, pas pour…

— Il méritait cette souffrance. Justice devait être rendue.

— Je vais me charger de l'autre jambe. Je ne veux pas que cet acte te traumatise. Attends-moi derrière la porte.

Elle secoua la tête.

— Non. J'ai le droit à ma part de vengeance, moi aussi. Il a tué ma petite sœur. J'ai rêvé de ce moment pendant cinq longues années. J'éprouve une immense joie à cet instant. Une joie parce que j'ai enfin vu la souffrance dans les yeux de ce type. Mais, surtout, j'y ai lu la peur. La même que celle qui s'est manifestée dans le regard de Lara quand elle a compris que le véhicule devant elle allait lui rentrer dedans.

Jasmine attrapa les mains tremblantes de Martial et le força à la regarder.

— Cet homme a mérité son sort. D'accord ?

Martial était tétanisé. Les yeux larmoyants, il hocha la tête. Jasmine l'aida à sortir de la chambre.

— Attends-moi ici.

Martial regarda l'étage plongé dans le noir. Il s'agenouilla et pleura. Les larmes libérèrent en lui des émotions qui s'étaient accumulées depuis cinq ans. Il était à bout de forces. L'absence de son épouse lui était insupportable. La culpabilité était un poids trop lourd à porter.

La haine qu'il ressentait envers cet homme avait semé en lui un désir de vengeance qu'il ne pensait pas être capable de cultiver de sang-froid.

Il sécha ses larmes, mais d'autres roulèrent de nouveau sur ses joues. Il tentait de chasser le regard de l'homme de son esprit. Il ne voulait plus voir ce regard suppliant et désolant. Une désolation qui paraissait tellement sincère. L'était-il ? Regrettait-il d'avoir tué une mère de famille ? Certainement. Avait-il continué de boire un verre de temps en temps ? Certainement. Avait-il repris le volant après avoir bu quelques petits verres ? Certainement. Martial se cacha le visage dès qu'il entendit Jasmine rire de plaisir.

Jasmine avait refermé la porte de la chambre. Elle avait deviné que l'acte de son beau-frère l'avait traumatisé. Elle comprenait. Martial était sensible. Il croyait en la bonté humaine, alors qu'elle n'y croyait plus. Le psychiatre avait toujours été le modèle humain de Marc. Il représentait la complaisance. Martial était trop gentil, trop naïf, trop noble. *Il ne doit pas regretter. Justice est mieux rendue par nous-mêmes, qui jugeons à la hauteur de notre souffrance. Ma souffrance est immense. Un gouffre infini. Je suis Prométhée, enchaînée à une montagne où un aigle vient me dévorer le foie chaque jour. En l'occurrence, il s'agit de mon cœur que cet aigle m'arrache chaque jour.* Jasmine secoua Colin.

— Réveille-toi, sale merde.

Le meurtrier de sa sœur somnolait. La perte de sang le rendait délirant. Il marmonna des mots dépourvus de sens. La lueur de la télévision se reflétait sur Jasmine, projetant son ombre contre le mur. Une ombre géante et informe. Une ombre qui se serait confondue avec celle d'un monstre. Jasmine ne remarqua pas le Démon dans la télé. Celui-ci observait la scène de ses yeux d'une beauté remarquable. La quadragénaire s'empara de la hache et frappa. La jambe se coupa en deux. Le sang gicla. Les os se laissaient entrevoir.

Colin retomba dans les pommes. Jasmine charcuta la jambe de l'homme en même temps que ses souvenirs avec sa cadette défilaient dans son esprit. Des disputes futiles. Des éclats de rire. Des pleurs. Des joies. Du réconfort. Du soutien. Des promesses. Des rêves. De la candeur. De la sincérité. De la jalousie. De la reconnaissance. Jasmine frappa plus fort. Les os furent broyés. La sueur perla sur ses tempes. Elle haïssait cet homme d'avoir volé l'avenir de sa cadette. *Elle ne pourra plus jamais éclater de rire. Elle ne sentira plus jamais le parfum du chocolat qu'elle aimait tant pâtisser. Elle ne tiendra plus jamais la main de son fils. Elle ne goûtera plus jamais les lèvres de Martial. Je ne verrai plus jamais ses défauts et ses qualités.*

Jasmine, essoufflée, lâcha la hache. L'outil émit un bruit sourd en frappant le parquet. Elle s'approcha du corps inerte. Le matelas était imbibé de sang. Colin avait les yeux clos. Son pouls avait disparu. Jasmine posa son regard sur les jambes de l'homme, réduites en bouillie. Des morceaux de chair étaient éparpillés çà et là sur le lit. Les os étaient en miettes. La sœur endeuillée s'approcha de Colin et lui caressa les cheveux de sa main gantée.

— Une vie pour une vie, murmura-t-elle.

Jasmine ouvrit la porte de la chambre, son sac à dos sur l'épaule et celui de son beau-frère à la main. Martial se releva, les yeux gonflés. Il s'empara de son sac à dos, dans lequel Jasmine avait pris soin de ranger tous les accessoires sur lesquels se trouvaient leurs empreintes.

— Tu avais raison. Commettre cet acte ne la fera pas revenir. En revanche, me venger m'a fait du bien.

Jasmine se déshabilla et changea ses vêtements maculés de sang pour d'autres. Martial ne répondit pas et l'imita. Une fumée rouge se manifesta. Celle-ci se dissipa, laissant apparaître le Démon. Il sourit à travers sa combinaison intégrale. Jasmine pouvait, cette fois-ci, le voir. Ses yeux émeraude la subjuguèrent. Elle devait admettre qu'elle n'avait jamais vu d'aussi beaux yeux. Des yeux d'une brillance extrême. Des yeux inhumains, mais magnifiques.

— Je constate que vous vous êtes bien amusés.

Martial détourna le regard. Les larmes lui montaient aux yeux. Jasmine s'empressa de réclamer leur récompense.

— Vous avez dit que…

— Je sais ce que j'ai dit.

Le Démon leva sa main aux longs doigts sur lesquels grandissaient de grands ongles pointus. Jasmine tenta d'imaginer à quoi ressemblaient ses mains sous ce tissu sombre et énigmatique. Le Démon claqua des doigts. Une fumée rouge enveloppa Martial et Jasmine, qui se regardèrent. L'émanation les engloutit totalement. Martial eut l'étrange impression de se trouver dans une tornade. À la différence près que leur corps ne tournait pas. Ils étaient immobiles. Les volutes tournaient autour d'eux, leur donnant presque le tournis. Puis la fumée s'évapora. Un vent glacial caressa les joues de Martial et de Jasmine, qui tremblèrent en réalisant qu'ils venaient d'être téléportés vers le cimetière dans lequel était enterrée Lara. La question de comment ils avaient pu atterrir ici ne s'invita pas dans leur esprit. Martial balaya le coin sinistre d'un regard anxieux. La terreur se lut dans les yeux de Jasmine, qui n'avait jamais mis un pied dans cet endroit pour discuter avec sa cadette. Le Démon apparut devant eux. La mère de famille l'interrogea la première en jetant son sac à dos par terre.

— Où est ma sœur ?

Le Démon sourit en ouvrant grand sa bouche. Martial recula. Il avait deviné. Il avait compris. Il aurait dû deviner et comprendre bien avant. Son cœur cessa de battre, pourtant il trouva la force de s'approcher de Jasmine et de lui attraper le bras en lui chuchotant :

— Je t'en prie, partons.

La femme se dégagea et fixa les yeux étincelants du Démon, dans lesquels elle pouvait apercevoir brièvement son reflet.

— Vous nous avez dit que vous nous donneriez l'opportunité de revoir ma sœur.

Le Démon se positionna devant Jasmine, la dominant de très peu.

— Oh. Vous avez mal interprété mes dires.

— Je ne comprends pas. Où est ma sœur ?

Le Démon sourit de nouveau. Il savourait ce moment.

Il étendit son bras en direction d'une pierre tombale.

— Ta sœur est là. Juste devant nous.

Le corps de Jasmine trembla. Elle tourna la tête lentement, et son cœur cessa de battre en voyant le nom de sa sœur écrit sur l'une des tombes. La rage s'empara d'elle. Elle se rua sur le Démon.

— Sale fils de pute !

Le Démon leva la main et projeta son corps contre une tombe par la force de ses pensées. Martial s'empressait de rejoindre Jasmine quand l'être surnaturel le tira à lui grâce à ses pouvoirs télékinétiques. Il attrapa le cou de Martial et le serra très fort en plongeant ses yeux dans les siens. Le psychiatre vit une vision d'horreur. Son corps se cambra. Ses yeux louchèrent. Concentré, le Démon ne vit pas Jasmine le frapper avec la hache. Son corps inhumain engloutit l'arme sous le regard stupéfait de la quadragénaire. Il lâcha Martial, qui tomba par terre, inconscient, et se retourna. Jasmine recula. Le jour commençait à se lever. Elle commençait à percevoir le Démon. Son corps étrange dissimulé par ce qui semblait être une combinaison de plongée noire. L'être surnaturel avançait en serrant les poings. Jasmine continua de reculer en jetant un coup d'œil à Martial, inerte.

— Qu'est-ce que vous lui avez fait ?

— Je l'ai fait voyager dans le passé.

Jasmine ne comprenait pas. Le Démon poursuivit d'une voix grave :

— Est-ce que te venger t'a fait du bien, Jasmine ?

La jeune femme se figea en entendant son prénom prononcé de la bouche de leur cauchemar. Les mots restèrent coincés dans sa gorge.

— Cet homme méritait-il un tel sort ? Une telle barbarie ?

Jasmine s'emporta :

— Il a tué ma sœur en étant sous l'influence de l'alcool. C'est un homicide involontaire.

— Involontaire. Tu viens de prononcer le bon mot.

La respiration de Jasmine se fit plus difficile. Le froid lui gelait la peau. Quelle heure était-il ? Marc était-il rentré ? Les enfants étaient-ils en sécurité ? Jasmine dévisagea le Démon en tentant de comprendre où il voulait en venir. Celui-ci reprit de plus belle :

— N'as-tu jamais pensé que cet homme se montrait sincère en affirmant qu'il regrettait d'avoir tué une mère de famille ? Qu'il avait agi avec immaturité ? Que la culpabilité lui entaillait la peau chaque fois qu'il contemplait son visage dans le miroir ?

Un éclair de colère traversa les yeux bruns de Jasmine.

— Ce n'est pas de l'immaturité. Il connaissait les risques en prenant le volant en état d'ivresse. Il méritait de souffrir comme j'ai souffert.

Ses lèvres tremblèrent. Ses yeux se remplirent de larmes. Elle s'empressa de renifler et de s'essuyer les yeux. Le Démon l'attrapa par les cheveux et lui tordit la nuque en arrière. Elle ferma les yeux.

— Regarde-moi, ordonna le Démon d'une voix caverneuse.

Jasmine ouvrit les yeux et eut la même vision d'horreur que Martial. Elle comprit ses paroles. « Je l'ai fait voyager dans le passé. » Son corps menu se secoua. Ses pieds tapèrent le sol. Elle ne voulait pas regarder cette scène. C'était atroce et tellement réel. Le Démon cligna des yeux et disparut au milieu d'une fumée rouge et noir. Le corps de Jasmine s'étala sur le sol boueux. Elle se releva avec difficulté et se précipita au chevet de Martial. Elle le secoua.

— Martial ! Réveille-toi ! Martial !

Les yeux de l'homme s'entrouvrirent. Il paniqua lorsque les dernières heures défilèrent dans son esprit. Jasmine le calma en l'enlaçant. Un geste qu'elle ne s'était jamais imaginée faire à celui qu'elle tenait pour responsable de la mort de sa cadette. Martial se frotta les paupières.

— Dis-moi qu'on n'a pas fait ça.

Jasmine plaqua ses paumes contre ses joues.

— Ressaisis-toi. Il ne faut pas que tu nous lâches. Nous avons besoin de toi pour découvrir qui est ce Démon. Il m'a envoyé une vision.

— Je l'ai vue aussi. Tu crois que cette scène a un lien avec sa véritable identité ?

Jasmine haussa les épaules et s'assit à côté de Martial, par terre, face aux tombes. Un silence macabre planait sur le cimetière. Le vent était silencieux, et le jour s'était levé. Le ciel était gris, et les nuages s'invitaient progressivement.

— Martial ?

— Oui.

— Pardon. Ce n'est pas ta faute. Tu ne pouvais pas prévoir que cette pourriture lui foncerait dessus. La haine m'a ôté toute empathie. Je réalise que tu souffres autant que moi, voire plus, car c'était la femme de ta vie. J'ai tout fait pour l'oublier, mais c'est trop difficile. Seuls les enfants épongent mes pleurs, soignent mes plaies, me poussent à me lever, me donnent la force de vivre.

— J'ai toujours compris ta haine à mon égard.

Jasmine se tourna vers Martial et lui sourit. Ils pleuraient tous les deux en silence. La mère de famille sécha ses larmes et évoqua son passé, que Martial connaissait déjà pour l'avoir écouté de la bouche de Lara.

— Lara souffrait de sa timidité. Elle était tout l'inverse de moi. Sa timidité la rendait touchante, mais a fini par attirer des démons. Elle était devenue le souffre-douleur de ses harceleurs au collège. Ils lui crachaient littéralement dessus. Les filles lui répétaient qu'elle était laide et qu'elle devrait se pendre. Lara était une fleur fragile qu'ils ont piétinée avec ardeur en écrasant sa beauté. Ils ont déterré ses racines pour être sûrs qu'elle ne repousserait plus jamais aussi belle. Lara a subi le harcèlement sans riposter. J'ai vu son visage rayonnant s'éteindre. J'ai vu l'étincelle dans son regard devenir de la braise. Sa peau laiteuse devenir cadavérique. J'ai compris un beau jour de printemps que dire à Lara d'emmerder ses harceleurs, de ne pas prêter attention à leurs mots venimeux, n'était pas le bon discours. Il est facile de suggérer l'ignorance quand on ne nage pas soi-même au milieu des requins. J'ai décidé de plonger dans ce bassin et de devenir l'animal marin le plus impitoyable. Pour autant, je ne les ai pas attendus avec une hache à la sortie du collège.

Martial rit nerveusement.

— Bien que j'en aie eu très envie. Je me suis plainte à la direction de l'établissement, qui, dans un premier temps, a nié ou atténué les faits en prétextant qu'il s'agissait de gentilles moqueries entre amis. J'ai chopé la secrétaire par la gorge, comme ce Démon l'a fait avec toi. Je l'ai regardée dans les yeux et je lui ai dit : « J'ai une corde, une tronçonneuse, un jerricane rempli d'essence, une perceuse et un sac-poubelle dans le coffre de ma voiture. Alors, je me répète, file-moi un rendez-vous avec ton directeur, ou tu feras partie du casting du prochain *Massacre à la tronçonneuse* ! »

Martial lâcha un petit rire. Si Lara avait été une lapine douce et docile, Jasmine était une tigresse indomptable et tenace.

— Je me souviens que Lara m'avait raconté cette scène.

— Le harcèlement scolaire ne devrait pas exister. Comment une telle cruauté peut-elle naître chez des gamins de quinze ans ? J'ai obtenu ce fameux entretien avec le directeur. Un pauvre type, qui ne voulait pas réprimander les harceleurs, car papa et maman faisaient partie de la haute société. J'ai listé de nouveau les outils que mon coffre abritait. Il a promis de prendre les choses en main. Il a tenu sa parole. Après sa troisième, Lara s'est orientée vers un CAP de pâtisserie qu'elle a obtenu avec succès. Elle était redevenue cette jolie fleur au parfum fruité. Sa passion lui a prouvé qu'elle était capable d'accomplir de belles choses. J'étais fière de ma petite sœur. J'étais fière, car elle était restée fidèle à elle-même. Elle n'a jamais tenté de changer pour plaire à ses harceleurs. Elle avait compris que les personnes sincères l'aimaient pour ce qu'elle était.

Martial regarda la mer de pierres tombales. Une mer lugubre et tranquille. Une mer qui avait englouti tant de vies. Il voulait quitter cet endroit. Les cimetières, ils n'aimaient pas s'y trouver. Qui aimait s'y trouver ? Il fallait être tordu pour apprécier la chaleur funeste de ces lieux où aucun homme ne demande sa femme en mariage. Le médecin songea à son épouse. Était-elle près d'eux en ce moment ? À côté d'eux ? Martial ne croyait pas que les esprits erraient parmi eux. Si c'était le cas, ils devaient être sacrément serrés les uns contre les autres. Des morts, il y en avait depuis la nuit des temps, alors penser qu'ils étaient là à veiller sur eux, Martial n'y croyait pas. Pour lui, Lara était au paradis, un espace sans limite et infini. Il espérait que ce monde situé à des années-lumière du leur était en paix.

— Est-ce pour cette raison que tu haïssais chaque nouveau petit ami de Lara ? Tu craignais que le harcèlement se répète ?

Jasmine fit une moue.

— Je ne les haïssais pas, je me méfiais. Je craignais en effet que le harcèlement ne se répète.

— Elle a été heureuse avec nous, rassura Martial.

Jasmine le regarda. Elle avait toujours trouvé des défauts à Martial alors que, paradoxalement, elle savait au plus profond d'elle-même qu'il était d'un caractère noble. Sa famille et ses amis lui avaient collé l'étiquette de sœur possessive. Jasmine assumait sa possessivité. Elle aimait les siens, peut-être de manière démesurée. Elle connaissait Martial avant que celui-ci ne rencontre Lara. Elle se souvenait des fous rires qu'ils avaient partagés et de ceux qu'elle avait refusé de partager lorsque Lara et lui s'étaient dit oui. Jasmine aurait dû être ravie que le meilleur ami d'enfance de son mari épouse sa cadette, mais non, cette passion entre les deux l'avait terrifiée. Lara passait tout son temps libre avec Martial. Elle ne parlait que de lui. Jasmine avait éprouvé une pointe de jalousie envers Martial, qui paraissait si parfait. Tellement parfait que Jasmine avait craint qu'il ne blesse moralement sa sœur d'une quelconque manière. Elle avait compris trop tard qu'elle ne pourrait pas toujours rattraper sa sœur quand celle-ci risquait de chuter. Il aurait fallu la laisser chuter pour qu'elle apprenne à se relever et à anticiper les prochaines chutes. Elle avait compris trop tard que Martial était un type vraisemblablement bienfaisant et pas un hypocrite.

— Je sais qu'elle était heureuse avec toi.

Martial se leva et tendit la main à Jasmine. Elle ne la prit pas tout de suite. Son regard était perdu dans la mer de tombes.

— Jasmine ?

Le vent jouait avec ses cheveux couleur nuit.

— Martial, et si ce Démon avait raison ? Si cet homme, Colin, avait agi avec immaturité ? S'il s'était réveillé tous les matins avec le même goût nauséabond dans la bouche ? S'il traînait toujours la même chaîne à ses chevilles ? Si son reflet dans le miroir lui renvoyait celui de Lara ? Et si j'avais torturé un homme qui regrettait sincèrement d'avoir tué une mère de famille ?

Martial revit le regard implorant de Colin, puis il regarda Jasmine comme elle le faisait au même instant. Ils prononcèrent tous les deux en même temps :

— Et si le Démon nous avait fait rejouer une scène du passé ayant un lien avec la vision que nous avons eue ?

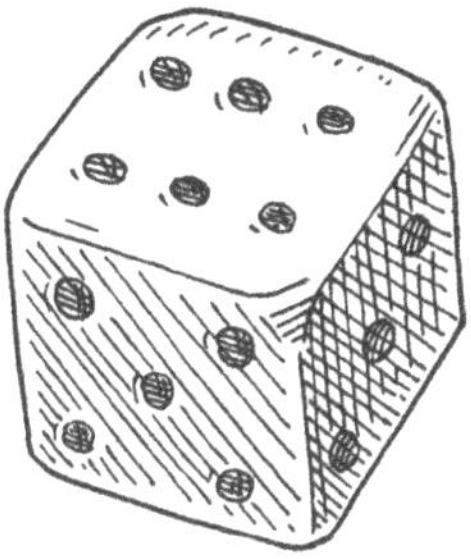

CHAPITRE 8
MÉANDRES

« C'est la nature humaine qui peut plonger dans les méandres de l'horreur, tout comme elle est capable de poser les actes les plus nobles. »
Kofi Annan

Adam, Boris et Martial prirent leur petit déjeuner en même temps chez la famille Taress. Jasmine avait préparé une brioche. Elle et Martial étaient rentrés à l'aube. Ils avaient trouvé Adam et Boris profondément endormis sur les canapés. Marc s'était assoupi sur le rocking-chair en attendant son épouse. Jasmine avait pris une douche avant de rejoindre son lit. Martial l'avait imitée. Il s'était lavé de tous les souvenirs de cette horrible nuit qui s'étaient collés à sa peau, puis avait trouvé une petite place au bout du canapé sur lequel dormait Adam, sa cigarette électronique encore dans la main.

Jasmine ne s'était pas endormie tout de suite. Elle avait fixé le mur et pensé à Colin. Son regard apeuré. Ses hurlements étouffés par le bâillon. Martial avait eu raison. Son acte la hanterait. Elle avait toujours vu Colin Harpeur comme un monstre. Celui qui avait volé la vie de sa cadette parce qu'il avait trop bu. Mais les paroles du Démon avaient instillé un doute en elle. Colin n'était peut-être rien d'autre qu'un pauvre type qui avait juste bu quelques verres pour s'amuser en ignorant que, dans les heures suivantes, il deviendrait un meurtrier. Jasmine s'était endormie sur ces pensées qu'elle avait voulues réconfortantes : *S'il avait survécu à sa double amputation, notre acte lui aurait servi de leçon. Et puis, de toute manière, nous n'avions pas le choix, sinon ce Démon aurait tué Martial.*

Martial posa sa tasse de café. Tous les regards étaient braqués sur lui. Il avait écouté le récit de Boris, qui lui avait certifié qu'il y avait un lien entre la pudeur et son action. Un lien en relation avec quelque chose dont ils ignoraient tous la signification.

— Je pense que tu as raison, Bobo. Ce Démon ne choisit pas ces actions au hasard. Tout est lié à un événement particulier.

Marc fronça les sourcils.

— Un événement ?

Martial regarda Jasmine.

— Jasmine et moi avons eu une vision envoyée par le Démon au cimetière.

Adam s'apprêtait à vapoter quand le couple Taress lui jeta un regard noir. Il rangea sa cigarette en maugréant. Marc et Jasmine avaient été clairs : pas de cette saleté chez eux.

— Quelle était cette vision ? s'enquit Adam.

Martial répondit :

— Une femme se faisait violer par des nazis. L'action de Bobo, qui serait associée à la pudeur, aurait peut-être un lien avec cet événement. Je pense même que ce n'est pas la pudeur qui se trouve au centre de ce lien, mais l'humiliation. L'humiliation éprouvée quand on se retrouve nu devant une tierce personne.

Adam se leva de sa chaise.

— Quoi ? C'est quoi ce bordel encore ?

Martial lui ordonna de s'asseoir. Adam s'emporta :

— Le Démon serait une femme ? C'est ça votre hypothèse ? Une malade qui se venge à travers une légende de jeu de dé ?

— Non. C'est la femme du Démon.

Tout le monde se tut. Boris sourit à son ami. *Je savais que tu trouverais les clefs pour nous délivrer de cette cage.*

Adam ouvrit la baie vitrée, cracha une longue taffe avant de refermer la vitre et de s'attabler.

— Et le lien avec ce qu'il vous a demandé de faire ? Cette nana se faisait violer. OK. Mais vous, vous deviez lui couper les jambes à ce type. Quel était le lien ?

Martial trempa un morceau de brioche dans son café. Il ignorait que cette traumatisante nuit lui donnerait aussi faim.

— Chais pas.

Martial parla la bouche pleine :

— Une ven…geance par pro…curation. Colin a tué Lara. Le Démon le savait. Il a voulu rééquilibrer la balance de la justice.

Marc se redressa et posa ses coudes sur la table en croisant les doigts. La Rolex enroulée autour de son poignet témoignait de la fortune qu'il possédait. Jasmine détestait les accessoires de luxe. Elle jugeait aberrant que les jolies choses ne soient pas accessibles à tous. Marc, lui, adorait sa montre pour son histoire, sa solidité et sa beauté.

— Parce que, maintenant, le Démon est bienfaisant ?

Martial se tourna vers Marc.

— Je n'ai pas dit ça. Je vous ai parlé de mon année dans un hôpital psychiatrique quand j'étais un jeune interne ?

Marc hocha la tête.

— Ton patient médecin, lui-même enfermé parce qu'il tenait des propos qui dépassent l'entendement.

— C'est ça. Je le rencontre cet après-midi grâce à l'approbation de mon ancien professeur d'université, qui est devenu le directeur de cet établissement.

— Tu veux que je t'accompagne ? proposa Boris, qui avait repris des couleurs depuis la veille.

— Non. J'y vais tout seul. C'est mieux. Je vais passer voir Léon, avant.

Martial reprit une part de brioche et quitta la maison du couple dans laquelle flottait une douce atmosphère. La flambée dans la cheminée l'avait réchauffé et lui avait permis de remettre de l'ordre dans ses idées, à commencer par la visite qu'il devait rendre à ce patient.

Jasmine informa les hommes qu'elle partait elle aussi chez sa mère pour voir ses enfants. Elle avait besoin de se purifier dans leur regard. Elle comptait prétendre à sa mère que Marc et elle s'étaient disputés et qu'il était préférable qu'elle garde encore quelques jours les enfants chez elle. Sa mère ne poserait pas de questions. Elle adorait ses petits-enfants. Jasmine savait qu'en leur présence, Gisèle ne pensait plus à sa fille morte. La jeune femme embrassa Marc et lui murmura quelques mots à l'oreille :

— Si vous décidez de lancer votre dé une fois que j'aurai franchi le seuil, sache que je t'aime. Tu es un père mer…

Sa voix se brisa. Marc l'enlaça et lui promit qu'ils allaient tous ensemble trouver qui était ce Démon et pourquoi il avait créé ce maudit jeu. Jasmine se contenta de hocher la tête. Elle quitta les lieux avec l'envie viscérale de serrer ses enfants contre elle.

Marc se resservit du café. Boris palpait son dé dans sa main. Adam ouvrit la baie vitrée pour vapoter.

— Quel est le parfum, cette fois-ci ? questionna Boris.

— Chocolat. Tu veux goûter ?

— Non, merci. Je n'ai pas envie de fumer le cancer. Le Démon est suffisamment douloureux comme ça.

— Le Démon est pire que le cancer.

Adam referma la baie vitrée.

— On devrait lancer notre dé maintenant. Je suis motivé pour le lancer le premier.

Marc haussa les épaules.

— Je devrais peut-être le lancer en fin de soirée et profiter de ma potentielle dernière journée pour embrasser mes gosses.

Marc consulta sa Rolex. Neuf heures dix. Il avait quelques dossiers à terminer avant de prendre définitivement congé de son travail. Il se promit de rendre visite à ses enfants aux alentours de quatorze heures.

— Pour ma part, commença Adam, je vais lancer mon dé. Je n'ai pas de femme qui m'attend pour déjeuner. Je n'ai pas d'enfants qui m'attendent pour le bain. Je n'ai pas de famille. Alors, je ne suis pas à une heure près. Si je dois mourir, autant que ce soit maintenant auprès de vous.

L'avocat sortit son dé jaune lumineux et le jeta sur la table. Il poussa un cri de joie en constatant que l'objet s'était arrêté de nouveau sur le chiffre chanceux. Finalement entraîné par le mouvement de son ami, Marc balança le sien. Le cube vert lumineux pivota et se stoppa sur le chiffre cinq, associé à une action. Il soupira en se prenant la tête dans les mains. Boris hésita à lancer son cube bleu, qui avait le pouvoir de faire basculer sa vie. Un cube qui déterminerait s'il vivrait ou mourrait. Boris leva la main au-dessus de la table et lâcha le dé. Il tomba, roula jusqu'à heurter l'assiette où reposait le dernier morceau de brioche. Boris se leva de sa chaise. Il avait fait six. Le chiffre associé à la perte d'une capacité. Il fit les cent pas dans la salle de séjour. Adam ouvrit de nouveau la baie vitrée pour vapoter. Il était content d'avoir esquivé de nouveau les actions du Démon.

Une fumée rouge et noir se déploya dans la pièce. Les volutes montaient vers le plafond en même temps qu'elles dévoilaient la musculature du Démon. Ses mains étaient jointes en prière. Sa tête baissée. Ses épaules paraissaient plus larges que la veille. Il leva légèrement la tête, et son sourire scélérat se dessina. Ses yeux étaient toujours aussi brillants.

— Mais où est donc votre ami ?

Les trois amis échangèrent des regards, qui contenaient tous la même question. Devaient-ils lui révéler l'expédition de Martial ? Le Démon fixa Marc de ses yeux émeraude et le souleva dans les airs par la force de ses pensées. Le dos de Marc se cogna contre le plafond, puis il retomba sur la table en brisant l'argenterie. Il parvint à se relever avec difficulté. Un soulagement mêlé de surprise l'envahit quand il constata qu'aucun de ses os ne s'était brisé. Il descendit de la table, sur ses gardes, car le Démon pouvait recommencer ses jeux de lévitation.

— Je vous ai posé une question.

Adam s'avança vers le Démon, son bandage toujours autour de son poignet.

— Il est parti rendre visite à l'un de vos joueurs.

Le Démon sourit.

— Je vois.

Le Démon marcha autour de la table en laissant une traînée de fumée noire derrière lui. Les trois hommes ne le quittaient pas des yeux. Cet être anormal les subjuguait. Comment sa présence pouvait-elle être réelle ? Y avait-il réellement des phénomènes paranormaux qui pouvaient leur échapper ? Des mystères que la science elle-même ne pouvait pas élucider ou refusait d'étudier ? Car se pencher sur ces phénomènes serait reconnaître que les hommes ne peuvent pas tout contrôler. Et les hommes détestent ne pas pouvoir tout contrôler.

— On sait qui vous êtes, prétendit Adam.

La peur traversa les yeux de Marc et de Boris. *Qu'est-ce qu'il fait ? Il va l'énerver,* pensa Marc, qui fixait le sol. Il ne voulait pas que son regard rencontre celui du Démon, bien que le regard de celui-ci soit loin d'être effrayant. Bien au contraire, il était hypnotisant. Un regard dans lequel se jouait une mélodie sur laquelle s'agitait une danseuse sortie d'une boîte à musique. Elle tournait sur elle-même. Elle vous emportait dans sa danse au rythme de la mélodie qui l'entourait. Vous vous retrouviez piégé dans ce regard de flammes vertes, qui dansaient elles aussi au rythme de la mélodie. Le Démon s'approcha d'Adam.

— Alors, dis-moi qui je suis.

Adam tomba dans le piège. Il laissa la danseuse l'emporter dans ces yeux émeraude. Il plongea son regard dans celui du Démon. Il y vit non pas une danseuse, mais une femme. Belle, douce, rieuse. Elle dansait au bord d'un lac en frappant dans ses mains et en tournant sur elle-même. Le Démon cligna des yeux. La scène s'engouffra dans ses pupilles vertes. Adam baissa les yeux. Le Démon chuchota à l'oreille de l'avocat :

— Tu ne sais rien de moi. Contente-toi de fermer ta gueule et d'obéir comme un petit chien à sa mémère.

La honte monta en Adam. On ne s'était jamais adressé à lui d'une manière aussi effrontée. Il allait riposter quand le Démon le fixa. Son regard parla pour lui. Adam comprit et se ravisa. Un poignet charcuté lui avait amplement suffi. Le Démon continua son tour de table et s'arrêta derrière Marc. Celui-ci pouvait apercevoir l'ombre de leur cauchemar. L'être surnaturel posa sa longue main sur son épaule et bougea ses doigts. Marc cessa de respirer.

— Ton action sera de tromper ta charmante épouse.

Marc leva la tête et se retourna. Le Démon lui sourit.

— Je...

— Tu quoi ? Tu es fidèle ? Aucun homme n'est fidèle. Encore moins envers sa propre femme.

Marc ne répliqua pas face au Démon, qui aurait toujours le dernier le mot. *Je n'ai jamais trompé Jasmine. Et puis, avec qui je vais la tromper, puisque je n'ai pas d'autre choix que de le faire ? Cette action est si révoltante.*

Le Démon se planta devant Boris. Les mains de l'homme tremblaient. Il craignait la douleur.

— Et toi, Boris ? Si tu ne devais garder qu'une seule de tes capacités cognitives, laquelle ce serait ?

Boris secoua la tête. Des larmes de terreur roulèrent sur ses joues. Adam sortit discrètement son téléphone pour filmer la scène. Il voulait garder une trace de la situation paranormale qu'ils étaient en train de vivre. Le Démon se retourna vers lui. Une fumée grise s'échappait de son téléphone.

— Ma présence brouille tous les appareils électroniques. Ceux-ci ne fonctionnent plus.

Le Démon fit de nouveau face à Boris et lui répondit d'une voix rauque et calme :

— La voix est l'une des capacités cognitives les plus précieuses que tu possèdes. Si je prends ta voix, tu seras anéanti.

— Vous ne pouvez pas...

— Tu préfères quoi ? Que je t'arrache les yeux ? Que je plante mes ongles dans tes paupières ?

Boris ferma les yeux. De nouvelles larmes roulèrent sur ses joues et se perdirent dans sa barbe mal rasée de la veille. Le Démon cligna des yeux, et Boris vola à travers la pièce. Ses omoplates se cognèrent contre le mur. L'homme retomba sur le parquet. Le Démon le retourna sur le dos. La terreur domina le regard de Boris quand il s'aperçut qu'il ne parvenait plus à bouger ses membres. Son corps était collé au sol. Il avait l'impression d'être une mouche piégée dans une toile d'araignée. Seuls ses doigts parvenaient à gigoter.

Le Démon s'accroupit et fit signe à Adam et à Marc de rester à leur place. Les deux hommes comprirent le message. Le Démon leva son bras et plongea sa main dans la bouche de Boris. Le torse de ce dernier se souleva. La brioche de ce matin remonta de son estomac. La main lui arracha la mâchoire, émettant des « cracs » lugubres, avant de pénétrer avec vivacité dans sa trachée. L'air ne passait plus. Boris tournait la tête. Seul le blanc de ses yeux était visible. La main du Démon creusait sa gorge, s'enfonçant de plus en plus. *Pitié, arrêtez.*

Les doigts heurtèrent la clavicule de l'homme, qui cogna sa tête contre le parquet. Le Démon retira sa main en faisant des zigzags. Boris se redressa alors et vomit. La gerbe s'étala sur le sol. Le Démon secoua sa main pleine de bave. Boris récupéra son souffle, et son regard devint celui de la Petite Sirène, quand elle découvrait que sa voix lui avait été arrachée. Il tenta de parler, de crier, mais aucun son ne sortait de sa bouche. Il porta la main à sa gorge et supplia le Démon du regard. Le cauchemar haussa les épaules.

— Aujourd'hui, tu prends conscience de ce qui est précieux et de ce qui ne l'est pas dans la vie.

Le Démon cligna des yeux et disparut dans une fumée noire géante. Marc était pétrifié. Adam accourut au chevet de Boris et l'aida à se relever. L'homme vomit une seconde fois sur le canapé. Marc alla chercher un verre d'eau et un calepin. Il récupéra aussi un stylo qu'il tendit ensuite à Boris, qui griffonna quelques mots.

L'ordure. Je rentre chez moi. Ne m'accompagnez pas.

Adam et Marc acquiescèrent. Boris quitta la maison des Taress sans se retourner. Il avait perdu sa voix. Devait-il consulter un médecin ? *Les médecins sont des magiciens. Ils savent concocter tout un tas de potions magiques dans leur chaudron. Il doit bien y en avoir une pour retrouver la voix,* pensa Boris, qui n'y croyait pourtant pas. Il monta dans sa voiture et frappa le volant. Qu'allait-il dire aux gens qui lui demanderaient où était passée sa voix ? *J'emmerde les gens. Je me fiche de leur jugement. Ce Démon m'a pris la chose la plus précieuse que je possédais. Il va me le payer.*

Il voulut crier, mais aucun son ne se fit entendre.

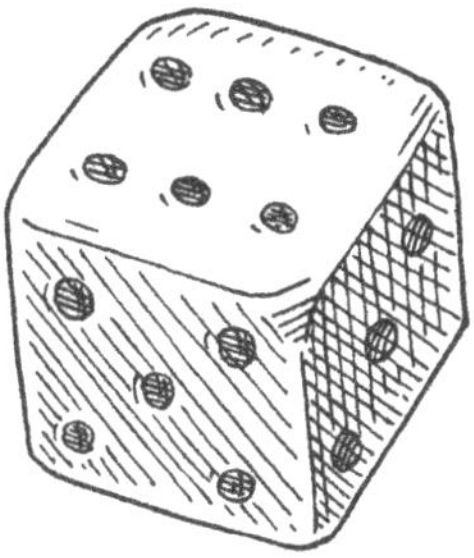

CHAPITRE 9
LE PASSÉ

« La mort est le regret de la vie. »
Joë Bousquet

Martial suivait la route, perdu dans ses pensées. Dans l'habitacle régnait un silence absolu. Un silence apaisant qu'il savourait. Il avait rendu visite à son fils avant de s'engager sur la nationale qui le menait à l'hôpital dans lequel l'attendait son ancien patient. Léon avait été ravi de voir son père mais, très vite, son attention s'était portée de nouveau sur la partie de foot qu'il disputait contre son cousin. Arielle s'était jointe à eux. Les enfants se dépensaient en criant de joie. Martial plaignait sa belle-mère, qui soutenait que ses petits-enfants étaient très calmes. De vrais petits anges. Le psychiatre avait fait une moue. *Si elle m'avait dit qu'ils étaient de vrais démons, mon cœur aurait lâché.*

Martial s'engouffra dans un tunnel. L'obscurité le tira de ses pensées. Il avait fouillé dans sa mémoire et retrouvé le nom de son patient de l'époque. Charles Delmore. Neurologue de profession. Marié. Père de jumelles. Martial quitta le tunnel. Le ciel était gris. Il visualisa le portrait de son ancien patient. La soixantaine. Des cheveux châtains. Un regard pénétrant et suppliant. C'était un homme qui avait joué sur son statut de médecin pour que ses homologues le croient. Il n'avait cessé de répéter qu'il était neurologue. Que lui aussi n'avait jamais cru à ces bêtises jusqu'à ce soir fatidique où le Démon s'était manifesté. Les médecins et Martial lui-même avaient eu envie de croire cet homme, qui n'avait pas su prouver l'existence même du Démon. Il savait pourquoi à présent. Le Démon se chargeait d'effacer les preuves. Il jubilait de jouer avec la folie de ses joueurs. Martial entra dans le parking de l'hôpital, se gara, inspira une grande bouffée d'air frais et partit se présenter à l'accueil. Les lieux n'avaient pas beaucoup changé depuis sa dernière visite il y a quinze ans.

— Quinze ans déjà !

Martial se retourna. Les murs blancs de l'hôpital rayonnaient soudain. Le docteur Richard Ovide tapa sur son épaule. Le psychiatre peina à reconnaître son mentor. Un homme de soixante ans. Les joues grignotées par les rides. Les paupières fondantes. Le corps flasque. Les cheveux argentés.

— Apprendre que le gouvernement recule l'âge de départ à la retraire m'a fait vieillir de dix ans supplémentaires. Dieu merci, mon métier est confortable. Quand je pense à tous ces pauvres gens dans les usines, les auxiliaires de vie, ou encore les caissières, j'ai une grande peine pour eux. Ces gens-là ne méritent pas un tel sort. Sans parler de la hausse des prix, une cata. Notre…

Martial interrompit gentiment son ancien professeur, qui était devenu le directeur de l'établissement. Les problèmes politiques et sociétaux n'étaient pas sa grande priorité en ce moment.

— Ah oui. Charles Delmore. Comme je te l'ai dit au téléphone, il ne reçoit qu'une seule visite par mois. Celle de sa fille. Perle. Une belle femme de cinquante ans, qui paraît en avoir vingt de moins. Impressionnant. Elle est d'une beauté à croquer. Dis donc, il est midi. On déjeune toujours ensemble ?

Avec plaisir. À la condition que vous ne soyez pas aussi bavard.

— Volontiers.

Richard invita son ancien élève à le suivre. Tous les deux entrèrent dans un bureau. La fenêtre était ouverte. Les murs étaient couverts de cartes de remerciement, de vœux ou de faire-part de naissance. Richard ferma la fenêtre, retira sa blouse et sortit deux pizzas qu'il mit à réchauffer dans le micro-ondes posé sur une table de camping. Martial scrutait les faire-part avec une pointe de nostalgie.

— Quel bonheur de voir des visages aussi innocents ! Les gamins sont de vraies bouffées d'oxygène. Dommage qu'adultes, ils deviennent des monstres.

— Ils le sont parfois déjà en étant enfants.

— Voilà ta pizza. Évite de dire au nutritionniste d'à côté que tu as mangé ça. Il te sermonnerait.

Martial s'installa en face de Richard, qui avait pris place à son bureau. Le vieux médecin écarta ses dossiers.

— Comment va ton fils ?

— Bien, merci. Il grandit un peu trop vite à mon goût. Et vos enfants ?

— Oh, mes filles ! L'aînée s'est mariée puis s'est retrouvée mère au foyer, à devoir élever six gosses, qui lui en font voir de toutes les couleurs. Elle est devenue un vrai zombie. La cadette est partie sauver les koalas en Australie. Nous avons des nouvelles quand elle a deux minutes, c'est-à-dire jamais, comme si elle avait oublié que ce sont ses parents qui ont financé son expédition. La petite dernière, vingt-six ans, vit encore à la maison. Elle ne sait pas trop quoi faire de sa vie. Elle n'aime pas les koalas ni les enfants. Ma femme m'engueule dès que je tente de lui sous-entendre qu'à vingt-six ans, il serait temps qu'elle prenne son indépendance.

Martial rit. Richard s'essuya la bouche.

— Bon, qu'est-ce que tu lui veux à mon patient ?

Enfin, nous rentrons dans le vif du sujet. Martial se passa la langue sur les gencives et répéta dans sa tête l'argument qu'il avait préparé.

— L'un de mes patients a joué à ce jeu de dé nommé Dé-Mon. Il soutient que, depuis qu'il est parvenu à effectuer la combinaison, celle qui invite le Démon à se manifester après avoir obtenu le chiffre trois huit fois d'affilée, il voit le Démon, qui lui ordonne…

Le docteur Ovide termina la phrase de Martial de sa voix rêche :

— De lancer le dé tous les jours. Chaque chiffre du dé est associé à une action. Je connais la musique. Gamines, mes filles jouaient aussi à ce jeu, et mes petits-enfants s'y mettent aussi. Tu ne crois pas à cette légende, rassure-moi ?

Martial rit nerveusement. Son trouble passa inaperçu auprès de Richard, qui fouilla dans un tiroir.

— Voilà son dossier.

Martial ouvrit la pochette et consulta les fiches relatives à l'état de santé de Charles.

— Je t'assure que j'ai eu envie de croire cet homme à l'époque. Un neurologue adoré de tous ses patients. Sa femme, une vraie Caroline Ingalls. Ses gamines, des gentilles filles aimées de tous. Tout le monde les adorait, et cette famille était toujours serviable et reconnaissante. Personne n'a compris pour quelle raison les parents et la gamine ont disjoncté. Seule Perle a été épargnée par cette étrange folie macabre.

— Perle ? La belle femme dont vous me parliez tout à l'heure ?

Richard hocha la tête.

— Oui. La belle femme de cinquante ans. Les femmes passent leur temps à maugréer qu'elles ont moins de droits que les hommes, cela dit, c'est quand même elles qui vieillissent le mieux. Du point de vue de l'égalité, nous, les hommes, nous pourrions nous plaindre de cette injustice.

Martial parcourait les copies relatant l'état psychique de Charles. Plusieurs maladies mentales lui avaient été diagnostiquées.

— Pourquoi cette femme a-t-elle été épargnée, selon vous ?

— Perle ? Elle était absente le soir où ses parents et sa sœur jumelle ont joué au Dé-Mon. La pauvre gamine n'avait que seize ans quand sa mère et sa sœur sont mortes.

— Si ma mémoire est bonne, la mère s'était mis en tête de gravir le mont Blanc en maillot de bain. Elle a été retrouvée gelée ?

— Exact. Charles Delmore nous a dit que le Démon l'avait forcée à gravir la montagne sous peine de tuer sa fille, Zara, la sœur jumelle de Perle.

— La petite Zara a été retrouvée noyée dans le lac d'Annecy, c'est bien ça ?

— Oui. Toujours selon les dires de Charles, le Démon lui avait ordonné de sauter dans le lac pour se suicider, car elle était tombée sur je ne sais plus quel chiffre à son lancer de dé. Tout cela doit t'apparaître invraisemblable. Ne te fais pas de nœuds à la tête. Le Démon n'existe pas.

Richard se leva et alluma la cafetière. Le bruit du café couvrit la question de Martial. Le psychiatre se répéta au moment où Richard lui tendit un gobelet brûlant. La vapeur caféinée qui s'en dégageait renvoya l'image du Démon, qui se manifestait entouré de sa fumée noire, rouge, grise et parfois verte. Martial chassa cette image. Il ne voulait pas que le Démon le déconcentre.

— Qu'avez-vous pensé de leur cas ?

Richard haussa les épaules et touilla son café en y ajoutant trois sucres.

— Au début, j'étais perplexe. Charles Delmore s'exprimait avec beaucoup d'aisance. Il tentait de maîtriser sa voix pour que celle-ci ne dérape pas dans la folie. Il affirmait que le Démon existait bel et bien. Il fournissait des détails précis et terrifiants. Il a lancé son dé maintes fois devant nous, en vain. Le Démon ne s'est jamais manifesté. Pourtant, Charles le voyait. Il nous disait d'un ton suppliant et à bout de forces : « Vous voyez ? Il est juste ici. Il sourit. »

Martial regarda son café. Noir comme l'âme du Démon. Il visualisait très bien le sourire sadique du Démon. Il devait jubiler dans ce type de situation.

— Quand je suis arrivé, il y a quinze ans, Charles était déjà là depuis une bonne quinzaine d'années ?

— En effet. Quand tu es arrivé dans le service, Charles Delmore était déjà interné depuis quinze ans à sa demande. Aujourd'hui, le pauvre homme est une plante fanée.

— Je ne me souviens pas d'avoir rencontré sa fille, Perle.

— À l'époque où tu étais interne, elle étudiait en Suisse, si je me souviens bien. C'est une femme qui a beaucoup voyagé. Elle vit en Suisse désormais.

— Il est schizophrène, c'est ça ?

Un silence mystérieux entoura les deux médecins.

Martial dévisagea Richard, qui visiblement était gêné.

— Officiellement, oui.

— Et officieusement ?

— Officieusement, non.

Martial s'enfonça dans son fauteuil. Il consulta sa montre. Treize heures dix. Richard s'apprêtait à se lever quand Martial le devança. Il s'appuya sur le bureau du directeur et se pencha pour soutenir son regard.

— Professeur, dites-moi la vérité.

Le vieil homme leva les yeux au ciel.

— Pitié, appelle-moi Richard.

Martial se rassit. Richard se leva pour se resservir un café.

— Charles Delmore était un confrère, probablement la raison pour laquelle je connaissais des difficultés à admettre qu'il était malade mentalement. Ses symptômes s'apparentaient à la schizophrénie. Hallucinations. Idées délirantes. Manque de sommeil. Face à ces symptômes, je m'étais fait une raison. Même l'esprit le plus intelligent peut être malade. Je lui ai prescrit des neuroleptiques, des antipsychotiques… Tu connais la liste.

Martial hocha la tête. Il attendait la suite avec impatience.

— J'ai commencé à constater des faits étranges. Le premier était que Charles Delmore avait toujours ses hallucinations : il voyait le Démon malgré ce que je lui prescrivais. J'ai décidé de dissimuler des caméras dans sa chambre. Je sais, c'est illégal, mais je voulais savoir. Quelque chose m'échappait. J'en ai vu, des fous, mais ce patient-là était bien différent. Je lisais la souffrance dans ses yeux. Les caméras sont restées cachées pendant un mois dans sa chambre. Pendant un mois, j'ai visionné les images tous les jours.

Richard but une gorgée de café, qui avait refroidi.

Martial l'observait. L'adrénaline montait en lui.

— Tu sais ce que j'ai découvert, Martial ?

— Non.

— Dès lors que Charles lançait son fameux dé, les caméras grisaillaient. Quelques minutes plus tard, les images apparaissaient de nouveau nettes et lisibles. J'ai eu l'idée de confisquer son dé. Figure-toi qu'à chaque fois, il en détenait un nouveau. Toujours le même. Rose pâle. Le dé apparaissait comme par magie dans le tiroir de sa table de chevet. Je ne me suis pas attardé sur ce sujet. Par peur, par crainte, je ne sais pas, mais je ne voulais pas me pencher sur ce détail. Il y a des vérités enterrées qu'il est préférable de ne pas déterrer.

— Vous en avez parlé à quelqu'un ?

— Bien sûr que non. Les caméras qui grisaillent peuvent être le fruit du hasard. Quant au dé, je n'ai pas envie de finir comme ce pauvre homme.

— Si je comprends bien, voilà trente ans que Charles est enfermé ici ?

— Oui. Il m'a supplié de rester ici. Je me suis arrangé pour le garder. Il n'a jamais demandé à sortir de l'hôpital. Sa fille non plus, d'ailleurs.

— Il n'a jamais tenté de fuir ?

— Jamais.

— Je peux le voir ?

Richard acquiesça. Il invita Martial à le suivre. Trois étages plus haut, ils longèrent un long couloir où flottait l'odeur de l'eau de Javel.

— Je te préviens, il est à moitié sourd et aveugle.

Richard frappa à une porte et ouvrit.

— Je te laisse entrer. Il est au courant de ta présence. Je l'ai informé ce matin que tu voulais le voir.

— Il est d'accord pour me parler ?

— Oui, sinon je ne t'aurais pas laissé entrer.

— Merci beaucoup, pro…

— Richard.

— Merci, Richard.

— Tu viendras me dire au revoir avant de partir. On reboira un café.

Martial promit et referma la porte. La chambre sentait le renfermé. Cette vieille odeur familière que l'on retrouve chez les personnes âgées. Cette odeur familière et repoussante. Cette odeur qui fait comprendre qu'on se tient face à la mort. Face au vécu d'un être qui a traversé des déserts, des océans, des banquises sans jamais se plaindre, car les étoiles l'accompagnaient, lui montrant le chemin de la victoire. Il balaya la chambre d'un regard compatissant. Un simple lit au centre. Une télé suspendue éteinte. Sur une table de chevet, un livre en braille ouvert. Une bouteille d'eau sur le sol, avec des vêtements. Charles Delmore était assis dans un fauteuil roulant placé en face de la fenêtre. Il laissa Martial venir à lui. Le psychiatre s'accroupit et posa sa main sur l'accoudoir du fauteuil. Le vieil homme de quatre-vingts ans tourna la tête. Martial avala sa salive. Des rides étaient alignées sur son front, comme si elles voulaient prouver qu'elles n'étaient pas les ennemies de la beauté, mais des alliées, des témoins de la difficulté, de la fragilité et de la beauté de la vie. Ses iris gris révélaient la souffrance de cet homme, qui palpa son oreille, réglant son appareil auditif.

— Je me souviens de vous.

Martial sourit. Un bon point pour lui.

— Ce Démon m'a tout pris sauf ma mémoire. Vous étiez un jeune interne à l'époque, c'est ça ?

— Oui.

— Je ne me souviens plus de votre prénom. Marcel ?

— Martial.

— Ah oui. Martial. Dommage que je ne puisse pas voir comment vous avez vieilli. Alors, Martial, comment va le Démon ? Est-il toujours aussi scélérat ?

Le cœur de Martial cessa de battre pendant quelques secondes.

— Comment le savez-vous ?

— Votre présence ici parle d'elle-même, jeune homme. Ne restez pas accroupi. Asseyez-vous.

Martial s'installa sur le lit. Charles tourna son fauteuil.

— Racontez-moi tout.

Martial commença par relater la soirée en n'omettant aucun détail. Boris qui incite ses amis à jouer au Dé-Mon. La manifestation du Démon. Les téléphones qui se brouillent en sa présence. Le dé à jeter tous les jours. Les actions délirantes à effectuer. Sa vision et les liens potentiels entre ces actions.

— Vous parlez de liens ? J'y avais pensé aussi à l'époque. En revanche, je n'ai jamais eu de vision, moi. Ma femme et ma fille non plus.

Martial demanda si l'ancien neurologue pouvait lui raconter son histoire à lui. Le vieil homme hésita, puis parla en faisant des pauses pour récupérer son souffle ou s'hydrater. Il parla de sa vocation. La neurologie était sa raison d'être. Il évoqua son épouse, Catherine, une mère au foyer dévouée. Il décrivit ses jumelles. Zara, l'intrépide. Perle, la sage. C'était Zara qui avait convaincu ses parents de faire une partie de jeu de dé. Perle était avec son petit ami. Zara avait sorti le chiffre trois huit fois d'affilée. Le Démon s'était manifesté, et le cauchemar avait commencé. Catherine avait perdu l'ouïe après avoir sorti un six. Charles avait perdu le goût, l'odorat et la vue quelques années plus tard, à l'hôpital. Les médecins avaient invoqué la vieillesse. Zara était morte deux mois après l'apparition du Démon. Elle était tombée sur le chiffre un. Le chiffre associé à la mort. Elle devait se suicider en se jetant dans le lac d'Annecy. Quant à Catherine, elle était morte de froid en gravissant le mont Blanc en maillot de bain. Une action que lui avait ordonné de réaliser le Démon, qui savait pertinemment qu'elle ne survivrait pas.

— Je crois vous avoir tout dit. J'oublie certainement d'autres faits.

Martial lui caressa doucement l'épaule.

— Vous m'avez dit le plus important. Je cherche qui pourrait être le Démon. Vous n'avez pas une idée ?

— À l'époque, je me suis rendu à la Bibliothèque nationale de France à Paris. Mon Dieu, que cette ville est laide avec sa tour en ferraille. J'avais hâte de retrouver mes montagnes. Bref, je me suis rendu dans cette bibliothèque pour chercher des ouvrages présentant la légende du Dé-Mon. Je n'ai rien trouvé. Comme si ce Démon était une légende. Une histoire que l'on raconte aux enfants pour qu'ils soient sages. J'ai en revanche trouvé des ouvrages sur l'exorcisme. En rentrant à la maison, j'ai fait venir des prêtres, des médiums, en vain. Le Démon est imbattable à son propre jeu. En vous écoutant parler, j'ai eu la conviction que vous teniez une piste solide. Une piste que je n'ai jamais explorée, mais ma fille, Perle, oui. Tous les mois, elle vient me voir et m'expose ses pensées, ses preuves, ses idées. Je n'ai plus la force de l'écouter. Je veux qu'elle vive pour elle. Qu'elle cesse de se torturer l'esprit avec ce Démon. J'approche de la mort. J'ai hâte qu'elle m'accueille les bras grands ouverts. J'ai voulu me suicider un soir de Noël. Le Démon s'est manifesté. Il a menacé de tuer Perle si je mettais fin à mes jours pour lui échapper. Ce Démon est pire qu'une tumeur au cerveau. Il est la tumeur elle-même.

— Votre fille a trouvé des…

Le vieil homme désigna le tiroir de sa table de chevet. *Sa mémoire l'aide à se repérer les yeux fermés. C'est sûrement pour cette raison qu'il refuse de quitter cet endroit. Ici, il peut se déplacer littéralement à l'aveugle sans se blesser. Un personnel soignant sera toujours présent pour le relever s'il tombe. Il se sent en sécurité dans cette chambre.*

— Là-dedans se trouve le numéro de ma fille, griffonné sur un journal télé. Appelez-la.

Martial s'empara de la page du journal. Il s'apprêtait à quitter les lieux quand une pensée lui traversa l'esprit :

— J'ai une dernière question.

— Je vous écoute.

— Est-ce que vous lancez toujours votre dé ?

— Tous les jours depuis trente-cinq ans. Plus je vieillis, plus le Démon est clément dans les actions qu'il m'impose de faire. Enfin, si on peut appeler cela de la clémence.

Charles se frotta les paupières.

— Vous savez, jeune homme, il y a des moments où j'ai l'impression que ce Démon est humain. Regardez dans ses yeux étincelants, et vous y lirez une souffrance dévastatrice.

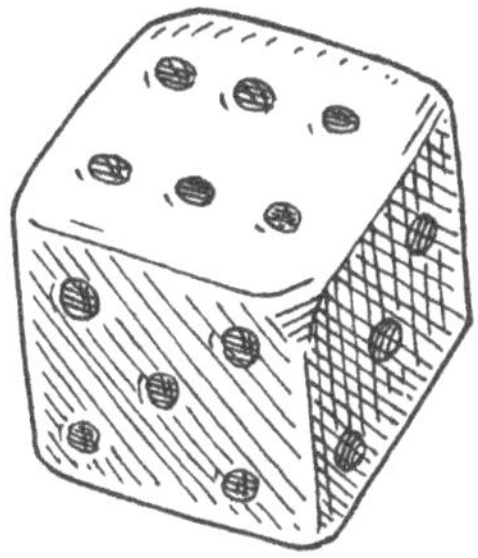

CHAPITRE 10
VOLUPTÉ

« La volupté unique et suprême de l'amour gît dans la certitude de faire le mal.
Et l'homme et la femme savent de naissance
que dans le mal se trouve toute volupté. »
Charles Baudelaire

Marc se rongeait les ongles dans l'appartement spacieux d'Adam. Il était dix-neuf heures trente, et il avait prétendu à Jasmine qu'il allait faire un tour à son bureau pour se changer les idées. Jasmine n'avait pas posé de questions. Elle avait compris le besoin vital que Marc éprouvait de s'aérer l'esprit. Adam s'installa confortablement sur l'un de ses fauteuils colorés et vapota en toute liberté dans son salon. L'avocat fiscaliste avait proposé à Marc de lui trouver la femme avec qui il tromperait Jasmine pour remplir la mission du Démon. Dans son smartphone, il lui avait affirmé posséder une liste de femmes qui ne demandaient qu'à être goûtées. Il en avait suggéré quelques-unes à Marc, qui avait dit à son ami de choisir pour lui. Adam avait trouvé la perle parfaite. Il l'avait contactée. La jeune femme avait dit oui. Elle avait hâte de rencontrer Marc le soir même.

— Estime-toi heureux. Cette action est plutôt confortable. Elle est l'excuse pour que tu goûtes enfin une autre pâtisserie que Jasmine.

— Qui croit que je suis au bureau.

Adam changea le parfum de sa cigarette électronique. Il hésita entre menthe et caramel. Il opta pour le caramel.

— Pourquoi lui as-tu menti ? Elle devrait comprendre, non ?

— J'ai envie de la protéger émotionnellement.

Adam inspira et recracha sa fumée cancérigène dans son salon.

— Tu verras, cette nana-là est parfaite. La vingtaine, blonde, la vraie potiche, comme dans les vieux films. Tu vas tomber amoureux de ses fellations. Ne t'occupe pas du prix, c'est moi qui règle l'addition.

— Quoi ? Une pute ?

Adam cracha sa fumée.

— Tu croyais quoi ? Que tu allais baiser la princesse de Clèves ?

Marc se prit la tête dans les mains.

— Tu m'as dit que c'était une femme séduisante, qui aime s'amuser sans contraintes et prises de tête.

— C'est le cas.

— Mais c'est une…

— Une délicieuse catin. Attends de la goûter. Elle est juteuse, douce, pulpeuse…

Marc se leva et appuya ses mains sur le dossier du fauteuil.

— Tu crois qu'embrasser, c'est tromper ?

Adam s'adossa.

— Sûrement, oui, mais pénètre-la quand même. Pour le Démon, tromper, ce n'est peut-être pas qu'embrasser. Il est tellement tordu. Oh, et puis tu vas l'aimer, cette sucrerie. Elle est divine. Une peau douce et sucrée. Des lèvres fines et délicates. Des mains de fée, qui te…

— Stop ! Je ne vais prendre aucun plaisir.

— Tu devrais. Cette femme-là est délicieuse. Une pâte à chou que tu peux malaxer pendant des heures. Tu peux en faire ce que tu veux. Ne sois pas coincé. Tous les hommes rêvent d'être infidèles, et tu as l'occasion de l'être. Je suis sûr que tu as des fantasmes bien enfouis. Profite, car tu n'auras plus la chance de savourer un aussi bon dessert sans que ta femme soit derrière toi.

— Ma femme, je la respecte. Elle me fait confiance, et je ne briserai pas ce lien entre nous. Elle est la mère de mes enfants, la femme qui me prend la tête, mais aussi ma sensibilité. Elle est celle qui vendrait son âme à ce Démon pour nourrir nos enfants. Elle a plus de couilles que toi, et j'en suis fier. Je suis fier de marcher à côté d'une femme qui ne baissera jamais les yeux. Puis merde, Adam, ne regarde pas les femmes, mais contemple-les. Ne les rabaisse pas, mais encourage-les. Ne les dédaigne pas, mais admire-les. C'est quoi cette mentalité misogyne ? Nous ne vivons plus à l'ère de nos arrière-grands-parents ! s'emporta Marc, qui ne supportait plus les jugements médiocres qu'Adam portait sur les femmes. Une femme est aussi grande qu'un homme. Aussi puissante qu'un homme. Aussi belle qu'un homme.

— Elles ne seront jamais à ma hauteur.

Marc secoua la tête. *Ce qu'il peut être borné et mégalomane.*

— Tu oublies que ce sont les femmes qui donnent la vie.

Adam leva les mains.

— Ne me récite pas ce discours débile de féministe endurcie. On participe aussi à la continuité de notre espèce en plantant la graine.

— Si on plante la graine, les femmes s'occupent de l'arrosage pour faire pousser la plante. C'est également elles qui se chargent de déraciner les mauvaises herbes.

Le Samsung de Marc vibra dans sa poche. Il décrocha.

— Martial ? Oui. OK. Tu vas chez elle ? Sympa. Non, pas encore. Bobo a perdu sa voix. Adam est tombé sur le chiffre chanceux. Oui. Non. Je dois tromper Jasmine. Adam m'a dégoté une prostituée. Oui. Ne t'inquiète pas. On se rappelle. Sois prudent. Salut.

Marc raccrocha et composa le numéro de sa belle-mère. Victor décrocha et fit comprendre à son père qu'il le dérangeait. Puis ce fut au tour d'Arielle de dire à son père de la rappeler demain matin car, là, elle regardait un film. Elle raccrocha. Gisèle rappela son gendre quelques minutes plus tard. Elle le rassura sur les enfants et glissa à la fin de la conversation qu'elle espérait que Jasmine et lui ne divorceraient pas. Marc maudit sa femme d'avoir inventé cette excuse pour que sa mère garde plus longtemps ses petits-enfants. Il rassura Gisèle et écrivit ensuite un SMS à Boris pour prendre de ses nouvelles.

— Qu'a dit Martial ?

— Son patient lance son dé depuis trente-cinq ans. Martial file chez la fille de celui-ci, car elle aurait trouvé des pistes menant à l'identité du Démon.

— Tu crois que le Démon a existé en tant qu'humain ?

Marc éteignit son téléphone.

— Ce que je crois, c'est qu'une explication rationnelle doit se cacher derrière le surnaturel.

— Et si le Démon était le miroir de la question de la création de l'homme ? Comment l'homme est-il né ? Et si pour ce Démon, c'était pareil ? Les réponses existent, mais sont introuvables.

— Dans ce cas, nous ne pourrons pas échapper au Démon.

Boris regarda son écran afficher un SMS de Marc. Il s'enroula dans sa couette et fixa la fenêtre de sa chambre. La nuit était une mer noire. La lune brillait, offrant un peu de clarté à la pièce qui empestait l'amertume. Boris s'était regardé dans le miroir. Son reflet était blafard. Son regard, vide. Il avait tenté de prononcer une, deux puis trois syllabes, en vain. Aucun son n'était sorti de sa bouche. Sa mère frappa à la porte et entra sans y être invitée.

— Que se passe-t-il, mon chéri ?

La femme, aux longs cheveux blancs enroulés en chignon sur le bas de sa nuque, caressa les cheveux de son fils. Boris s'empara de son téléphone et tapa quelques mots. Sa mère plissa les yeux et lut à voix haute :

— « Je n'ai plus de voix. » Comment ça, tu n'as plus de voix ?

Boris reprit le téléphone et pianota de nouveau. Sa mère lut les lignes.

— Tu as perdu la voix comme ça ? Sans savoir ?

Boris hocha la tête.

— Bon. Je vais contacter un ORL. Il trouvera ce que tu as. En attendant, repose-toi. Je vais nous préparer de la soupe.

Sa mère quitta la chambre en laissant la porte ouverte.

Il put entendre l'échange entre ses parents.

— Je m'inquiète pour notre fils. Il a perdu sa voix comme ça. Je vais consulter Google, cela devrait me fournir des réponses en attendant le rendez-vous avec l'ORL.

— Ce gamin a toujours été bizarre. La preuve, à quarante balais, il vit toujours chez nous. Il serait temps que tu le lâches un peu, ton Tanguy.

— Oh, Jean, je t'en prie, cesse donc ce type de commentaire. C'est notre seul bébé.

— Ouais, un bébé de quarante ans. Tiens, ressers-moi une bière.

Marc ne put cacher sa surprise en voyant une belle blonde prendre ses aises dans l'appartement d'Adam. Une jolie silhouette au corps d'oréade. Un regard pétillant, des yeux discrètement maquillés, une poitrine tonique mise en valeur par un débardeur bleu ciel. Sa jupe bleu nuit évasée dévoilait la musculature de ses jambes bronzées. Adam lui fit la bise et présenta Marc. La jolie blonde lui sourit. *Un sourire attribué à une jeune étudiante timide, pas à une gourgandine.* Marc tentait de dissimuler sa gêne en laissant Adam se plaindre. Le travail. La hausse de l'essence. Le gouvernement, qui se masturbe sur ses impôts. La jolie blonde accepta la coupe de champagne offerte par Adam. Marc préféra un verre de vodka.

— Bon, les amou… les amants, corrigea rapidement Adam en sentant le regard meurtrier de Marc. Je vous laisse les clefs. Je vais boire un verre au bar du coin. Appelez-moi quand vous aurez terminé.

Adam quitta l'appartement. Marc et la jolie blonde, qui se nommait Séphora, entrèrent dans la chambre d'Adam. Les volets étaient fermés. Une vilaine lampe diffusait une lumière tamisée. Séphora se déshabilla lentement.

— Alors comme ça, on a besoin de se changer les idées ?

On va dire ça comme ça, songea Marc, qui laissa les mains de fée le déshabiller. L'homme avait acheté pour l'occasion un costard tweed milanais, qu'il comptait jeter lorsqu'il serait rentré chez lui. Se débarrasser de ce costard serait pour lui une manière de se détacher de son infidélité. Il ferma les yeux et songea à Jasmine. Son corps chaud. Sa poitrine marquée par ses grossesses. Les vergetures en bas de son ventre, qui étaient les plus belles cicatrices qu'il aimait caresser, se remémorant l'instant où on lui avait posé ses bébés sur son torse nu.

Marc avala sa salive en sentant la langue de la prostituée lécher ses testicules. Il se laissa faire et continua de penser à sa femme. À son rire cristallin, à sa manière de réfléchir, à cette patience dont elle faisait preuve quand leurs enfants se chamaillaient. Marc gémit quand la jolie femme goba sa queue. Elle suça profondément. Il agrippa le drap et écarta les cuisses. Il pensa à ses fantasmes non assouvis avec Jasmine. Combien de fois avait-il voulu la gifler ? L'étrangler ? La pénétrer avec une bestialité dont aucun être humain n'aurait pu faire preuve sinon lui ? Il avait enterré ses fantasmes. Ce n'était pas lui. Il ne voulait pas éprouver de telles pulsions et leur donner vie sur le corps de son épouse. Il ne voulait pas dévoiler cette face cachée à Jasmine. De peur et de honte. La peur de lui faire mal. La peur qu'elle le regarde comme il regardait le Démon. La honte de ne pas être l'homme noble qu'elle voyait, mais un homme ivre de bestialité sensuelle. Était-ce pour cette raison que le Démon lui avait donné cette action ? Avait-il lu au fond de ses pupilles ses fantasmes interdits ? Ce soir, il avait l'occasion, avec le consentement de cette femme, d'assouvir ses pulsions enterrées.

La jeune femme se releva. Elle s'essuya les lèvres d'une manière très charnelle et poussa délicatement Marc sur le lit. Elle monta ensuite sur lui et lui chuchota à l'oreille : « Fais-moi mal. » Marc se retourna, et la jeune femme bascula sur le matelas. Elle éclata de rire et écarta les cuisses, avant d'enfouir sa main dans son vagin. *Waouh. Je n'ai jamais enfoncé ma main dans Jasmine.*

— Mon cul. Encule-moi.

Marc avala sa salive. Il se cambra. *C'est maintenant ou jamais.* Sa queue toucha l'orifice de la jeune femme. Il poussa doucement puis enfonça sa queue dans ce cul bombé.

— Oh oui. Oui. C'est bon. Encule-moi. Vas-y.

Marc se retira légèrement et pénétra férocement l'anus de cette femme. Il s'effraya d'aimer cette pénétration. L'exploration de ce territoire inconnu. Il fit quelques va-et-vient rapides, se redressa, attrapa les chevilles de la jeune femme et la plaqua contre lui. Son cul avala plus profondément sa queue. Séphora continuait de mouvoir sa main à l'intérieur de son intimité mouillée. Elle hurlait et tapait le matelas avec son autre main.

— Putain. Continue. Encule-moi.

Marc se retira. Il força la prostituée à enlever la main de son entrejambe et la pénétra en la giflant. La tête de la jeune femme partit sur le côté puis de l'autre au fil des gifles que lui assénait Marc. Il leva la main et frappa plus fort. *Je te hais, Démon. Je te hais. Tu es une merde. Regarde ce que tu me fais faire. Je te hais. Je veux te voir crever la bouche ouverte. Je veux te voir supplier qu'on te laisse la vie sauve.*

Il plaqua une main sur l'un des seins de la jeune femme et pinça son téton avant de le tirer et de le lâcher avec férocité.

— Oh oui. Tu es excellent.

Marc plaqua sa main sur la gorge de la prostituée et serra. Cette dernière suffoqua. Elle frappa le matelas. Marc gémit en expulsant sa semence. Il se retira et s'allongea sur le dos à côté de Séphora. La jeune femme ne chercha pas à se blottir dans ses bras. Marc fixa le plafond en récupérant son souffle. *Ce n'était pas aussi bon qu'avec Jasmine.*

— Tu es marié ?

— Oui.

— Tu ne culpabilises pas d'avoir trompé Jasmine ?

Marc fronça les sourcils. Il tourna la tête et bondit hors du lit en voyant le visage du Démon à la place de celui de la prostituée.

— Qu'est-ce qui t'arrive ?

Il cligna des paupières. Le Démon avait disparu.

— Rien. Tu devrais partir.

Séphora se leva.

— J'ai bien aimé. Rappelle-moi quand tu veux.

La lumière tamisée éclaira faiblement ses joues rougies par les gifles. Séphora rassura Marc quand elle vit son regard penaud.

— Ne t'inquiète pas. Tu as été gentil. Certains me griffent et me mordent sans me demander mon consentement.

— Pourquoi tu fais ça ?

— Parce que les factures ne vont pas se payer toutes seules.

Elle ramassait ses vêtements quand le Démon apparut sur le seuil.

— Tu t'es bien amusé, Marc ?

— Qu'est-ce que vous faites là ?

— Mais à qui parles-tu ?

Marc balaya les propos de Séphora de la main.

— Je parle tout seul.

Séphora termina de se rhabiller rapidement.

— Tu es tordu. Je me casse. À la prochaine.

— C'est ça, chuchota Marc, qui entendit la porte d'entrée claquer.

Le Démon entra dans la chambre, laissant une traînée de fumée rouge derrière lui.

— Tu as aimé, n'est-ce pas ?

— Non.

— L'homme a des fantasmes qui l'effraient lui-même. Je t'ai donné ce soir l'opportunité de te délivrer de tes démons, car c'est ainsi que tu les perçois. Des fantasmes diaboliques que tu ne peux pas assouvir avec la femme de ta vie, car tu refuses de la perdre ou de l'effrayer. C'est une belle preuve d'amour, ça, Marc.

Ce dernier baissa les yeux. Il devait admettre que le Démon avait bien résumé ses ressentis. Le cauchemar poursuivit d'une voix ténébreuse :

— Je pensais que tu serais plus cruel. Je pensais que tu l'aurais…

Marc s'énerva :

— Que j'aurais fait quoi ? Que j'aurais torturé cette pauvre femme ? Que je l'aurais violée ? Maltraitée sans son consentement ? Vous êtes machiavélique !

Le Démon ne répondit pas. La fumée continua de se déployer derrière lui. Marc se planta devant le Démon et plongea son regard dans le sien.

— Vous m'avez sous-estimé. J'aime ma femme. Il n'y a pas eu une seule seconde où je n'ai pas pensé à elle. Quant à mes fantasmes, oui, j'avais très envie de lui faire mal à cette femme. De lui cracher au visage. De la griffer jusqu'au sang. De lui mettre des coups de poing. De la fouetter avec une ceinture jusqu'à lui entailler la peau. Mais je ne l'ai pas fait, parce que je respecte les femmes, qu'elles soient des traînées ou non. Je n'ai pas envie que le côté sombre et bestial qui sommeille en moi se réveille et me fasse devenir quelqu'un que je ne veux pas être et qui me terrifierait moi-même. Nous avons le choix de devenir des gens bienfaisants ou malfaisants. J'ai fait mon choix, car la bienfaisance fait plus de bien que le mal, qui vous enferme dans un trou noir sans issue.

Le Démon ne baissa pas les yeux. Le vert de ses iris brillait intensément dans le noir.

— En effet, nous avons tous le choix.

Il cligna des yeux et disparut.

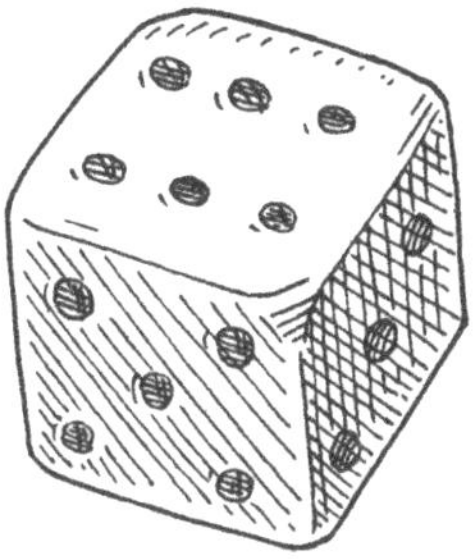

CHAPITRE 11
RENCONTRE

« Il n'y a pas de hasard, il n'y a que des rendez-vous. »
Paul Éluard

Martial était confortablement assis dans un salon similaire à celui de Barbie Girl. Les murs étaient peints en rose bonbon. Les canapés en toile grise étaient envahis de coussins bleus, verts et rose pâle. Une table basse en verre se rendait invisible au-dessus d'un tapis blanc à poils longs. Des plantes vertes et des fleurs étaient exposées dans toute la pièce. Sur le sol, sur les meubles, sur les murs. Des lapins extra-nains se baladaient dans le salon à leur guise. Martial les compta. Il y en avait pour l'instant cinq. Des pots dans lesquels se trouvait du lierre étaient accrochés aux murs. Les feuilles descendaient en cascade jusqu'aux plinthes. Martial remarqua l'absence de télévision. En revanche, un ordinateur-tablette était posé sur un pouf gris qui se mariait avec le reste du mobilier du salon. Il tourna la tête et vit une petite fenêtre, qui offrait une vue sur la rue déserte. Il avait conduit jusqu'à Nyon pour rencontrer Perle, la fille de Charles Delmore. Arrivé à Nyon, il avait été frappé par la propreté de la ville. *La France est une vraie poubelle*, avait-il songé avec amertume.

Richard ne lui avait pas menti. Perle paraissait avoir vingt ans de mois alors qu'elle en avait cinquante. L'âge où la femme accueille la ménopause avec joie. Son corps sculptural était le résultat de nombreuses heures de pilates. Elle avait un joli visage aux traits fins. Des cheveux bouclés, qui partaient dans tous les sens. Une poitrine ferme. Une voix angélique. Elle s'était montrée méfiante avant de laisser entrer Martial dans sa jungle de plantes vertes et de lapins sauvages.

Perle revint dans le salon et posa un plateau de porcelaine, surmonté de jolies théières anglaises, sur la table en verre.

— Un café pour vous. Un thé détox pour moi. Vous resterez dîner et dormir ici ? J'ai une chambre d'amis à l'étage.

— C'est gentil, mais…

Perle s'assit à côté de Martial. L'un des lapins blanc neige se coucha sur les pieds de la femme.

— Vous résumer mes découvertes sera très long. Il est préférable que vous restiez dormir ici.

Martial accepta. Il scruta Perle. Si c'était une belle femme en apparence, son visage portait les stigmates d'un passé imparfait, qui se voulait présent à chaque instant. Elle aurait aimé que ses jeunes années se révèlent plus simples pour que ses lendemains ne soient pas des répétitions des souffrances du passé.

— Vous croyez donc au Démon ?

Perle trempa les lèvres dans le liquide chaud.

— Oui. J'ai cru mon père. Même si l'existence de ce Démon paraissait folle et inacceptable. J'admirais mon père. Je devais marcher dans ses pas, mais la mort de ma mère et de ma sœur jumelle m'a démolie. Je suis devenue fleuriste. J'ai trouvé la paix dans la création de bouquets. Ma sœur voulait exercer un métier manuel, ébéniste. Je n'ai jamais compris pour quelle raison elle ne se tournait pas vers un métier intellectuel. Je l'ai compris des années plus tard : les métiers manuels vous offrent le pouvoir d'absorber vos maux. Ce sont vos mains qui parlent et qui créent. Travailler au milieu des fleurs me procure de l'apaisement. Elles sont belles comme la vie, mais, pour qu'elles soient belles et résistantes, il faut prendre soin d'elles. Il faut veiller sur elles.

— Que s'est-il passé voici trente ans ?

— Trente-cinq, corrigea doucement Perle. Mon père ne vous a pas raconté ?

— Il m'a raconté que c'est votre sœur qui a proposé de jouer au Dé-Mon. Vous, vous étiez partie rejoindre votre petit ami. C'est votre version que j'aimerais entendre.

Perle se pencha et attrapa le lapin qui dormait à ses pieds. Elle le posa sur ses genoux et plongea la main dans ses poils doux.

— Ma version est la même que celle de mon père. Il a tenté de garder sa lucidité, son calme, son pragmatisme. Je n'ai pas cru une seule seconde à la thèse de la paranoïa collective. Mon père a fini par devenir fou. Le désarroi l'a mangé. Il s'est perdu dans ces interrogations, qui sont restées sans réponses. Quant à moi, je suis partie vivre avec ma tante paternelle qui habitait ici, à Nyon. Elle est décédée l'année de mes vingt ans. J'ai beaucoup voyagé en France pour trouver des informations sur cette légende. J'ai visité des églises, des synagogues, des mosquées. Aucun des représentants religieux n'a pu se prononcer sur cette légende. Je me suis rendue à la Bibliothèque nationale de France à Paris, comme l'avait fait mon père. Je n'ai trouvé aucun bouquin relatant ou présentant la légende du Dé-Mon ni même le Démon. Je me suis rendue à de nombreuses expositions sur la sorcellerie, l'exorcisme, en vain. Puis, il y a huit ans, j'ai vu la publicité d'une galerie exposant des récits, des objets et des tableaux de la Seconde Guerre mondiale. L'exposition avait lieu à Dunkerque. J'ai hésité à m'y rendre. J'étais fatiguée de courir après ces informations. Je me suis promis que c'était la dernière fois. Je visitais cette exposition et ensuite, terminé.

— Vous êtes y donc allée ?

— Oui.

— Et vous avez trouvé les informations que vous cherchiez ?

— Oui.

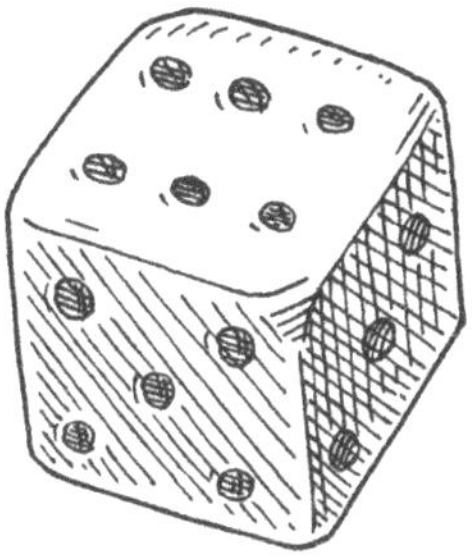

CHAPITRE 12
BÉRAD

« En définitive, les victimes des guerres sont mortes pour rien.
Seulement, elles sont mortes pour nous. »
Georges Clémenceau

1943, col de Bérad

Molly épluchait les pommes de terre en jetant des coups d'œil à son père, Raymond Desmont, qui s'amusait à lancer son dé porte-bonheur.

— Tu leur as présenté ton jeu de dé, aux résistants ? questionna l'adolescente de dix-sept ans, en admiration devant son père, qui avait intégré la Résistance.

— Bien sûr. Ils ne seront jamais assez surpris de me voir effectuer huit fois d'affilée le chiffre trois. Personne ne parvient à me battre. Tu sais comment ils ont nommé ce jeu que j'ai inventé ?

— Non.

— Ré-Mon, avec un trait d'union entre Ré et Mon.

Molly sourit tristement. Son père se leva de sa chaise.

— J'ai peur, papa. Les ennemis savent que je suis juive. Pourquoi les nazis nous infligent-ils une telle souffrance ? Qu'avons-nous fait ? Pourquoi ? Pourquoi les gens éprouvent-ils tant de haine envers mon peuple ? Pourquoi l'humain n'est-il pas gentil ? Chaque soir, je regarde les étoiles en remerciant Dieu d'avoir appelé maman à lui avant que ce massacre éclate.

Si Raymond était catholique, son épouse était juive et morte il y a neuf ans de la tuberculose.

— Ta religion est l'excuse dont se servent ces monstres pour apaiser leur conscience.

Raymond enlaça sa fille.

— Tu es en sécurité ici. Les montagnes veillent sur toi. Elles te protègent. Personne n'a connaissance du chalet, pas même les résistants. Je n'ai dit à personne que tu es là.

Molly acquiesça. Raymond la prévint qu'il devait rejoindre les résistants.

— Je reviendrai à l'aube.

Raymond serra sa fille très fort contre lui, puis déposa un long baiser sur son front. Il s'apprêtait à partir quand sa fille lui attrapa le bras.

— Ton dé, papa.

— Non, garde-le. J'en ai trois autres dans la poche.

— Non, papa. Tu auras besoin de plus de chance que moi. Tu ne peux pas me laisser ce dé. C'est ton préféré. Celui avec lequel tu as inventé ton jeu.

Raymond sourit. Il ouvrit la paume de sa fille et y déposa le dé.

Molly se réveilla en sursaut. Des individus tentaient d'entrer dans le chalet. La jeune fille vit des faisceaux lumineux se glisser entre les interstices des volets de sa chambre, sur lesquels des planches avaient été clouées pour offrir une sécurité supplémentaire. Molly se leva, puis s'empara du fusil caché sous le lit. Elle le chargea et attrapa le dé de son père sur la table de chevet. Elle le glissa dans sa chaussette. L'adolescente sortit ensuite de sa chambre. Les voix décidées des nazis l'effrayèrent. Les larmes lui montèrent aux yeux. Elle tremblait. Le chalet était plongé dans l'obscurité. Les lattes de bois grinçaient à mesure qu'elle marchait dessus. La porte d'entrée était verrouillée par cinq gros cadenas et bloquée par un meuble que Molly devait pousser et tirer avant et après chaque sortie de son père. L'adolescente tremblait de plus en plus. Elle pria en chuchotant. Elle supplia que Dieu lui vienne en aide. Des voix allemandes se firent entendre plus fort. Le cœur de Molly battit la chamade. Elle balaya le chalet du regard quand des coups de hache la paralysèrent. Les nazis coupaient les volets. Ils étaient déterminés à l'attraper. Molly se rua dans son placard. Elle chargea le fusil et pria.

La vitre se brisa. Les nazis parvinrent à entrer. Molly inspira. Elle hésita entre se coller une balle dans la tête ou regarder ses ennemis droit dans les yeux. *Papa est un résistant. Je veux être aussi courageuse et téméraire que lui. Je veux qu'il soit fier de moi. Je veux affronter ces monstres droit dans les yeux. Je suis juive. Je suis une femme. Je suis un être qui se bat pour sa liberté.*

Les lattes de bois de la chambre grincèrent sous les bottes des nazis. Molly serra le fusil contre elle et cessa de respirer. Les Allemands fouillèrent la chambre. Ils soulevèrent la couette, le lit et s'approchèrent du placard. Molly ferma les yeux et demanda l'aide de Dieu une dernière fois. *Pitié. Mon père est un résistant. Il était instituteur. Il a toujours été gentil. Ma mère était un ange tombé du ciel. Et moi… moi, j'étais espiègle quand j'étais une petite fille. Je n'ai pas toujours été sage, mais je n'ai jamais été vilaine comme ces gens-là. Je vous en prie, Seigneur, aidez-moi. Je crois en vous. Je ne mérite pas de finir dans un camp de…* Un nazi au corps musclé et aux cheveux couleur or plaqués sur son crâne ouvrit la porte du placard. Molly pointa son arme sur lui. Les nazis sortirent la leur. L'adolescente remarqua le trouble du nazi quand celui-ci croisa son regard. Tous la dévisagèrent. Ils fixaient ses beaux yeux verts, qui brillaient même dans la pénombre. Le nazi aux cheveux or lâcha la hache qui avait servi à couper les volets. Elle retomba sur le bois en émettant un bruit sourd.

— Ma jolie, donne-moi ce jouet.

Molly tenta de camoufler les tremblements de sa voix en empruntant un ton froid et déterminé :

— Non. Partez.

Le nazi éclata de rire.

— Alors, tire-nous dessus !

Molly fit non de la tête. Ses boucles brunes tombèrent sur son œil gauche. Elle jeta un rapide coup d'œil aux trois autres nazis, qui ne s'exprimaient pas, et comprit que seul le nazi aux cheveux or parlait français.

— Je ne veux pas vous tuer. Je ne suis pas une meurtrière.

Je ne suis pas comme vous.

— Alors, donne-nous cette arme. Nous sommes de ton côté.

Le nazi se tourna vers ses coéquipiers. Les trois hommes baissèrent leurs armes.

— Tu vois ? Maintenant, baisse ton arme.

— Et ensuite ?

— Ensuite, tu vas venir avec nous. Nous allons t'emmener dans un refuge où se trouvent d'autres Juifs. Tu vis toute seule ?

Non. Avec mon père.

— Oui.

L'Allemand se tourna vers ses camarades, qui hochèrent la tête.

— Ce que je te propose, c'est de lâcher ton fusil.

— Non. Je veux rester ici. Toute seule.

Le nazi secoua la tête.

— Ce n'est pas possible. Si d'autres nazis te trouvent, ils n'hésiteront pas à te tuer ou à t'envoyer dans un camp. Nous allons te cacher dans un endroit où des femmes s'occuperont de toi.

— Je refuse de vous suivre. Je n'ai pas confiance en vous.

— Réfléchis. L'hiver est rude. La nourriture se fait rare. Tu ne peux pas rester toute seule ici.

— Si. Vous pouvez partir. Laissez-moi.

Le nazi leva les mains et recula.

— Très bien, ma jolie. Ne viens pas pleurer si d'autres nazis te trouvent. On t'a proposé notre aide, tu l'as refusée.

Molly tenait fermement son arme.

Les nazis quittèrent la chambre. L'adolescente resta les bras tendus. Elle pouvait entendre la respiration des nazis qui se trouvaient encore dans le chalet. Les larmes glissèrent sur ses joues gelées. Ses jambes flageolaient. Elle visualisa le dé de son père qu'elle avait coincé dans sa chaussette. *Son dé porte-bonheur. Un dé magique. Je crois en la magie de Dieu et de ce dé.* Le nazi aux cheveux or revint dans la chambre. Molly le visa de son arme. L'homme leva les mains.

— Je voulais juste te prévenir que nous partons. Et je viens te formuler une dernière fois notre aide. Est-ce que tu veux nous suivre dans ce refuge où il y a de la chaleur, de la nourriture et de la sécurité ?

— Non, mais merci.

— Bien. Bon courage, ma jolie. Tu as de très beaux yeux. Un vert aussi pétillant que l'herbe en été, quand les reflets du soleil se reposent sur ses brins. Un vert émeraude étincelant. Un vert hypnotisant. Un vert aussi tendre et doux que les feuilles d'un chêne. Si tu n'avais pas été juive, je t'aurais épousée. J'aurais épousé ce regard félin et enjôleur. Ce regard doux et apaisant. Bon courage, ma jolie.

L'homme sortit. Molly baissa le fusil en entendant les nazis quitter le chalet. Elle récupéra le dé de son père. *Merci, papa. Ton dé m'a porté chance.* Molly cala de nouveau le dé entre sa cheville et sa chaussette et sortit du placard, le fusil toujours à la main. Le nazi n'avait pas récupéré la hache qui avait servi à couper le volet. Elle sortit de la chambre en catimini. Le vent hivernal passa par la fenêtre. Elle avala sa salive et s'approcha de la fenêtre. Elle fronça les sourcils en apercevant quelques mètres plus loin les phares du véhicule des nazis. Une main lui saisit brusquement la nuque, une autre lui tordit le poignet. Molly lâcha le fusil. Le nazi aux cheveux or l'attrapa par les cheveux et la jeta contre le sol. Elle se relevait quand le nazi posa son pied sur son dos et appuya. Molly se retrouva le corps collé contre le bois froid. Elle comprit que les hommes lui avaient tendu un piège. Le conducteur du véhicule arriva essoufflé. L'Allemand leva le pied et se tourna vers ses trois coéquipiers.

— Baisez-moi cette chienne.

Molly écarquilla les yeux. Les nazis n'avaient pas eu besoin de traduction pour comprendre l'ordre de leur chef.

— Non. Non. Pitié. Pitié.

Les trois hommes se ruèrent sur Molly. Sa dernière pensée fut non pas pour le dé de son père ni même pour son père, mais pour Dieu. *Je croyais en vous.*

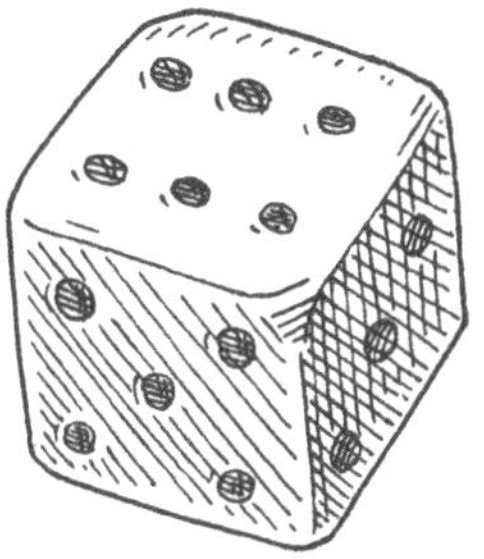

CHAPITRE 13
RÉVÉLATIONS

« Le faire est révélateur de l'être. »
Jean-Paul Sartre

Il était vingt et une heures quand Perle enfourna une pizza surgelée. Martial n'avait toujours pas lancé son dé. Il le ferait une fois que Perle lui aurait révélé l'histoire du Dé-Mon. Elle revint quelques minutes plus tard, les bras chargés de documents.

— Voici ce que vous cherchez.

Martial ouvrit le classeur et vit des articles de journaux datés de la Seconde Guerre mondiale. Des portraits en noir et blanc. Des photos d'une montagne qu'il connaissait très bien pour y avoir randonné avec Lara. Perle se rassit en se calant contre le dossier de son canapé. Un lapin noir monta sur ses genoux. Le rongeur se blottit contre elle.

— Je suis donc allée à Dunkerque sans trop d'espoir.

— Qu'avez-vous découvert ? s'enquit Martial.

— Au début, rien. J'errais dans les allées comme un esprit perdu, qui se cherche. Je regardais les tableaux et les textes explicatifs sans trop les voir. Tous les clichés, les tableaux, les textes portaient sur la bataille de Dunkerque qui s'était déroulée en 1940. J'ai continué d'avancer dans les allées de la galerie quand une photographie m'a interpellée. C'est celle-ci.

Perle posa son index sur l'une des images.

— Vous voyez, c'est le mont Blanc, photographié à l'époque. Je me suis attardée sur cette photo, car le mont Blanc représente tous mes souvenirs d'enfant. J'ai grandi auprès de lui. J'ai admiré sa majesté. Je lui ai confié mes peines et mes joies. J'ai décidé de poursuivre mon expédition, avec la curiosité de découvrir ma région pendant la guerre.

Perle cessa de parler. Elle se leva. Martial entendit des couverts s'entrechoquer dans la cuisine. La femme revint les bras chargés de deux assiettes de pizza, des serviettes de table coincées sous ses aisselles.

— Vous mangez avec les mains ?

— Oui.

— Parfait. Régalez-vous.

— Merci.

Martial croqua dans la part de pizza et se brûla la langue. Il avala son morceau tout rond. Perle rit.

— Je pensais que vous auriez deviné au vu de la fumée qui s'en échappe.

Martial ne releva pas. Il remercia Perle de lui offrir le couvert et la gîte. Perle haussa les épaules.

— Vous me remercierez plus tard. Je n'ai pas terminé de vous relater mon expédition.

— Je vous écoute.

J'aime la présence de cette femme. Elle est joviale, douce, à l'écoute. Elle paraît avoir le cœur sur la main, comme Lara.

— J'ai donc continué mon investigation en contemplant les photos des montagnes qui nous avaient vues grandir, Zara et moi, quand un autre cliché a retenu mon attention.

Perle posa son assiette et fouilla dans son classeur.

— C'est celui-ci. Vous voyez ?

Martial plissa les yeux. Six hommes étaient assis sur un tronc d'arbre couché au sol. Le visage fermé. La fatigue peinte sur leurs paupières bouffies. Des montagnes en arrière-plan.

Le psychiatre prit le cliché et scruta la photo en noir et blanc.

— Je ne vois rien.

Perle posa son doigt sur ce qui semblait être des dés posés aux pieds d'un homme placé au centre de la photo.

— Là. Les dés posés sur les feuilles mortes.

Martial plissa les yeux et vit trois dés. Il dévisagea Perle, qui porta une part de pizza à sa bouche. Il attendit que la femme termine de mâcher pour l'interroger.

— Un pupitre était installé à côté de la photo encadrée au mur. Sur celui-ci était posée une fiche, qui présentait les hommes.

— Qui étaient-ils ?

— Des résistants français.

Martial s'enfonça dans le canapé. Il n'aurait pas dit non pour y passer la nuit.

— Et les dés ?

Perle posa son classeur sur ses genoux et tourna les pages.

— Lisez ces lignes.

— Raymond Desmont, résistant français, invente un jeu de dé pour occuper l'esprit tourmenté des troupes. Les résistants ont baptisé ce jeu Ré-Mon en l'honneur de son créateur. La règle du jeu est simple. Parvenir à réaliser huit fois d'affilée le chiffre trois.

Martial se leva et fit le tour du salon. Un lapin au pelage caramel grimpa sur sa jambe. L'homme s'accroupit et prit le rongeur dans ses bras.

— C'est le plus câlin de mes lapins.

— Quel est son nom ?

— Antarctique.

Martial passa sa main dans le pelage du rongeur, qui se laissa faire. Il l'observa quelques secondes avant de reporter son attention sur le jeu de dé.

— Revenons à notre histoire. Vous avez donc potentiellement découvert l'origine du jeu ?

— Ce n'est pas potentiellement. C'est certain.

Martial bâilla et avoua qu'il était perdu. Perle l'invita à se rasseoir et à l'écouter. Elle allait tout lui expliquer en lui présentant les preuves accumulées mais, avant, elle alla chercher un plaid qu'elle posa sur les genoux de Martial, qui ne fut pas insensible à cette douce attention. Le médecin devina que Perle était une femme avenante et soucieuse de bien recevoir ses convives. *Lara aussi était attentive au bien-être de son entourage. Elle inspirait tant d'humilité.*

— J'ai découvert lors de cette visite qu'un résistant français, né dans ma région montagnarde, nommé Raymond Desmont, avait inventé un jeu de dé identique à celui du Dé-Mon que nous connaissons aujourd'hui. J'étais persuadée qu'il ne s'agissait pas d'un pur hasard. Ré-Mon, Dé-Mon. J'ai poursuivi la visite sans découvrir d'autres indices. Je suis donc retournée à mes montagnes. J'étais déterminée à déterrer la vérité. Je me suis rendue aux archives de la région, et je suis parvenue à obtenir des informations sur ce résistant.

Perle fouilla dans son classeur et retira une photocopie de sa pochette plastique. Elle lut d'une voix calme dans laquelle flottait une pointe de tristesse.

— Raymond, Charles, Jean-Claude Desmont, né à Chamonix en 1903. Instituteur. Marié le 1er septembre 1926 à Sarah, Élisabeth Weil, de confession juive. De leur union naît Molly Desmont, juive par la mère. Sarah Weil meurt de la tuberculose quelques années avant que la guerre éclate.

— D'accord, mais…

Perle posa la main sur sa cuisse.

— J'y viens. La guerre éclate. Raymond intègre la Résistance. Il cache sa fille dans un chalet situé à quelques kilomètres du col de Bérad. Il pense que, dans cet endroit reculé et éloigné du sadisme des nazis, sa fille de dix-sept ans est en sécurité.

Perle avala sa salive et détourna le regard.

— Quoi ? Que s'est-il passé ? l'interrogea Martial.

— La suite est terrible.

Martial s'empara du classeur et lut les écrits assemblés par Perle. Il comprit. Il réalisa avec un mélange de colère, d'horreur, de tristesse et de dégoût que la jeune femme dans sa vision n'était autre que la fille du Démon. Il comprit les paroles de Charles : « Regardez dans ses yeux étincelants, et vous y lirez une souffrance dévastatrice. »

Le médecin parcourut les lignes avec des haut-le-cœur. Un soir d'hiver 1943, un groupe de quatre nazis arpentaient les montagnes pour retrouver les Juifs qui avaient eu l'idée de s'y cacher. Ils avaient découvert le chalet de Raymond barricadé par des planches de bois et avaient coupé le bois avec une hache. *La hache est un symbole autant que la pudeur et l'humiliation associées à l'action de Bobo*, supposa Martial. Ils avaient trouvé Molly. Les nazis l'avaient violée chacun leur tour et parfois en même temps. Ils l'avaient tabassée et violée une bonne partie de la nuit. En arrivant à l'aube, Raymond n'avait pas reconnu sa fille. Les nazis l'avaient défigurée. Elle était étalée nue sur le sol. La jeune fille était morte de ses blessures. Le froid avait givré son corps. Ses lèvres étaient en sang. Ses dents étaient éparpillées sur le bois. Des crachats et du sperme étaient collés à son visage. Ses seins avaient été griffés jusqu'au sang. Son ventre était couvert d'hématomes. Raymond s'était écroulé et avait vu son dé porte-bonheur dans la paume de sa fille.

— Mon Dieu. Quelle horreur.

Perle s'essuya les paupières. Malgré la haine immense qu'elle éprouvait envers le Démon, elle ne pouvait pas être insensible au sort de cet homme. Elle n'avait pas d'enfants. Sa vie avait tourné autour du jeu Dé-Mon, de ses fleurs et de ses lapins. Pourtant, elle ne pouvait imaginer la rage de cet homme, qui avait découvert son bébé torturé. Une jeune femme de dix-sept ans qu'on avait sodomisée, pénétrée avec férocité parce qu'elle était juive. Comment l'homme avait-il pu faire preuve de tant de sadisme ? Comment le mal avait-il pu prendre le dessus sur la bienveillance ? Comment les peuples avaient-ils pu laisser leurs semblables tuer et torturer des innocents ? Comment la population avait-elle pu laisser Klaus Barbie assassiner des milliers d'enfants juifs ? Perle s'était posé ces questions en réalisant que l'homme ne serait jamais totalement guéri du mal. La religion, la couleur de peau, la façon de penser seraient toujours les excuses parfaites de la cruauté humaine. Parce que le méchant se verrait toujours une âme bienfaisante dans le miroir.

Perle lançait un dé tous les jours avec la folle espérance d'effectuer la fameuse combinaison afin de négocier avec le Démon, de converser avec lui. Elle voulait le rencontrer pour sauver son père. Elle voulait lui témoigner sa compassion.

— Vos récits ne nous révèlent pas comment Raymond est parvenu à devenir éternel et à acquérir des pouvoirs de télékinésie et certainement d'autres que j'oublie. Comment ce résistant est-il devenu ce Démon qui se manifeste après des lancers de dé ? Et puis peut-être que ce pauvre homme n'a rien en commun avec ce Démon qui nous tourmente ?

Perle haussa les épaules.

— La seule manière de le savoir est que vous lanciez votre dé…

— Et que je lui pose la question, acheva Martial, qui se leva et fouilla dans les poches de son manteau.

Il trouva son dé.

— À vous de jouer, lança Perle, qui enlaça l'un des lapins.

Martial jeta son cube marron sur la table en verre qui renvoya des tintements. Le dé stoppa sa course et afficha le chiffre chanceux.

Perle et Martial attendirent près d'une heure la venue du Démon. Celui-ci ne se manifesta pas. Martial soupira et pensa avec une pointe de soulagement : *Je sais qui est le Démon désormais. Je sais qui il est mais, surtout, je sais qui il a été avant de devenir l'être le plus machiavélique qui soit.*

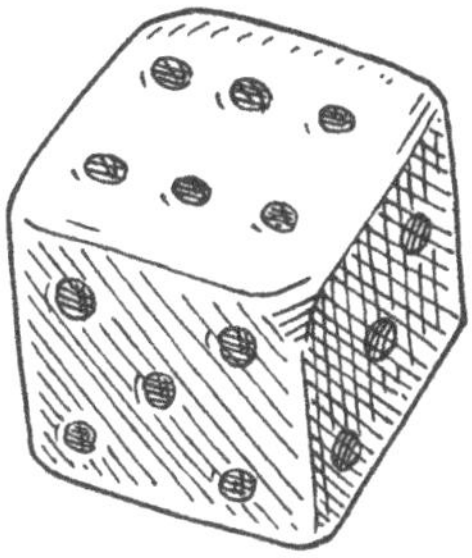

CHAPITRE 14
CACHE-CACHE

« Le masque est si charmant, que j'ai peur du visage. »
Alfred de Musset

Marc buvait son café sur la terrasse. Cette nuit, il s'était retourné maintes fois dans son lit. Il n'avait pas trouvé le sommeil. Ses pensées et son sentiment de culpabilité l'en avaient empêché. Il se sentait sale et à la fois soulagé d'avoir pu explorer le côté bestial qui se terrait à l'intérieur de lui. Le vent hivernal ne le fit pas rentrer. Il resta sur la terrasse et continua de ressasser sa soirée d'hier. La posture de cette prostituée au corps de déesse. Ses gémissements qui l'avaient poussé à la prendre par-derrière. Il avait trompé Jasmine. Il le regrettait, mais… C'était ce « mais » qui l'effrayait, car il avait aimé cette sauvagerie, que cette femme elle-même avait approuvée. *Elle n'a sûrement pas le choix. Elle l'a dit, les factures ne se paient pas toutes seules.* Cette prostituée lui faisait de la peine, or il ne pouvait s'empêcher de lui être reconnaissant. Elle lui avait permis d'exprimer une partie de lui-même un court instant. Avait-il été réellement lui-même ? Marc en doutait. Le sexe détenait la fâcheuse manie de le rendre fou, affamé, assoiffé, excité, extasié, euphorique, incontrôlable. Il inspira, puis tourna la tête. Son dé était posé à côté de lui. Il hésitait à le lancer pendant que Jasmine faisait les courses. Il pourrait le lancer là et attendre que le Démon lui inflige une action, lui arrache les yeux ou le tue.

L'homme lança sa tasse de café. Celle-ci rebondit sur l'herbe givrée. Il se prit la tête dans les mains et poussa un cri silencieux. Ce Démon lui avait fait goûter un dessert auquel désormais il ne parviendrait plus à renoncer. Un dessert qu'il désirait goûter encore et encore. Il voulait garder la crème et le gâteau. Il ne voulait pas vieillir sans Jasmine, mais il refusait que ce soit elle qui subisse ses pulsions bestiales. Il frappa le banc et maugréa des insultes. Il ne supportait plus la situation. Il ne supportait plus les ordres de ce Démon. Il voulait que sa vie reprenne comme avant. Qu'il soit cet homme parfait, qui a réussi sa vie professionnelle et personnelle. Cet homme qu'on enviait et qu'on admirait. Qu'on jugeait jovial et loyal. Qu'on jugeait festif, mais raisonnable. De colère, Marc jeta son dé. Le cube vert rebondit sur le ciment avant de tomber sur l'herbe givrée.

Martha ouvrit la porte de la chambre de son fils. Celui-ci était allongé sur son lit. Boris avait pleuré toute la nuit. Il s'était maudit d'avoir proposé à ses amis de jouer à ce jeu démoniaque.

Pourquoi ne suis-je pas comme Martial, le modèle de la vertu à suivre ? Pourquoi ne suis-je pas comme Marc, un père de famille exemplaire ? Pourquoi ne suis-je pas comme Adam à détenir un charisme enviable ? Pourquoi suis-je moi ?

Martha s'assit sur le rebord du lit et caressa ses cheveux, qui sentaient la transpiration.

— Je vais boire un café chez la voisine d'en face. Elle a découvert un nouveau site Internet qui vend des pelotes de laine pour pas cher.

Boris hocha la tête.

— Ta voix n'est toujours pas revenue ?

Boris secoua négativement la tête. *Non, elle ne reviendra jamais, maman.*

Martha se leva et quitta la chambre en promettant à son fils que l'ORL diagnostiquerait le problème. Boris se retourna et fixa le plafond. Sa mère avait tiré les rideaux. Le soleil hivernal éclairait faiblement sa chambre. Il se leva et enfila un jogging.

Les médecins trouveront une explication médicale, c'est certain. Mais ils ne parviendront pas à me soigner. Le Démon est bien trop malin.

Il ramassa son téléphone, qui était tombé sur la moquette. Trois SMS de Martial et deux de Marc, qui lui réclamaient des nouvelles. Seul Adam n'avait pas pris le temps de lui écrire. *Il le fera quand il aura un service à me demander.* Boris attrapa son dé, posé sur sa commode. Il contempla l'objet lumineux. Un petit objet, qui pilotait sa vie. Boris espérait que cette dernière ne s'arrêterait pas de façon tragique et douloureuse. *J'en ai marre de cette vie de merde.* De rage, il balança le cube contre le miroir. *Sale dé de merde.* L'objet ricocha et s'arrêta sur un point noir. Le chiffre associé à la mort. Boris se rua sur son dé. *Non. Non. Je ne voulais pas le lancer.*

Une fumée grise naquit sous son lit. Une fumée rouge se manifesta sous la porte. Une fumée verte se déploya au plafond et descendit contre les murs. Boris avala sa salive. Le Démon apparut derrière lui.

— Félicitations ! Tu vas mourir de bon matin.

Boris sursauta. Le Démon était là. Devant lui. Il souriait. Le quadragénaire se jeta à ses pieds et le supplia par la pensée en joignant les mains en prière. *Pitié. Je ferai tout ce que vous voudrez.*

— C'est la règle du jeu. Le chiffre un est associé à la mort. À moins que…

Le Démon laissa le suspense s'installer dans l'esprit de Boris, dans le regard terrifié duquel naquit une flamme d'espoir. Boris incita le Démon à poursuivre d'un geste.

— Ah oui, c'est vrai. Tu es muet désormais. C'est contraignant, n'est-ce pas ? Nous allons jouer à cache-cache, toi et moi. Je vais compter ici dans ta chambre jusqu'à trente. J'aurai dix minutes pour te trouver. Une fois les dix minutes écoulées, si je ne t'ai pas trouvé, tu auras gagné. Tu auras gagné cette partie et toutes les autres. Je démolirai ton dé, et tu pourras reprendre ta vie d'avant.

Boris joignit ses mains. *Seigneur, merci.*

Le Démon lâcha un rire gras en devinant les pensées de l'homme.

— Le Seigneur n'existe pas, sinon tu ne serais pas en train de vivre cet enfer. Dégage. Le compte à rebours va commencer.

Boris ne releva pas les propos du Démon. Il quitta la chambre et tenta de trouver une cachette. La cachette qui le protégerait. Il réfléchit en essayant de ne pas prêter attention à la voix terrifiante du Démon.

— 30… 29… 28…

Les pièces de la maison défilèrent dans son esprit. La cuisine ? Non. La salle de bains ? Non plus. La cabine de douche ne serait pas une bonne cachette. Sous le lit de ses parents ? Trop facile pour le Démon. Derrière les rideaux ? *Et si je quittais la maison pour me cacher à l'extérieur ? Si je partais en courant ? Non, ce serait fuir. Fuir, c'est tricher. Le Démon ne doit pas approuver la tricherie.*

— 19… 18… 17…

Boris se dirigea vers le garage. Il ouvrit doucement la porte et la referma plus doucement encore.

— 12… 11… 10…

Il ouvrit le coffre de la voiture de son père et se glissa à l'intérieur.

— 3… 2… 1… 0 ! J'arrive !

Le Démon sortit de la chambre, posa ses longs ongles pointus contre le mur du couloir et les fit glisser. Le plâtre tomba par petites boules, comme de la neige, sur le sol. Les grincements des ongles se firent entendre. Les doigts du Démon s'arrêtèrent sur une poignée de porte. Il cligna des yeux, et la porte s'ouvrit. La salle de bains était éclairée par la faible lumière du jour provenant d'une vitre opaque. L'être surnaturel entra. Le miroir lui renvoya son reflet. Ses yeux verts étincelants apparaissaient comme deux diamants. Le Démon tourna la tête et vit le rideau de douche. Il approcha son doigt et le déchira avec son ongle acéré. Le rideau tomba délicatement tel un pétale de rose. La douche était vide.

Le cauchemar des hommes quitta la salle de bains et s'orienta vers la cuisine. Il inspecta la pièce. La table n'avait pas été débarrassée. Des couverts avaient été jetés à la va-vite dans l'évier. Le Démon cligna des yeux. Les portes des placards s'ouvrirent, et les contenus volèrent pour s'étaler sur le sol. Un concerto s'éleva dans la cuisine. Les boîtes de conserve s'entrechoquèrent sur le carrelage, et les paquets de féculents explosèrent. Le Démon mena son orchestre avec une vive haine. Il fit sortir l'argenterie par la force de ses pensées et explosa les verres et les assiettes contre le sol. Le bruit cristallin résonna. Les couverts se retrouvèrent par terre. Le Démon quitta ensuite la cuisine pour se diriger vers les rideaux. De longs rideaux épais qu'on ne trouvait plus que dans les châteaux. Il effleura le tissu vétuste. Boris était-il caché derrière ? Non. Le Démon informa de sa voix bourrue et tranchante :

— Je vais te trouver, Boris. Je sens ton odeur aigre.

Il vit la porte de garage et clencha. La porte était fermée à clef. Un sourire étira ses lèvres. Il cligna des yeux, et la porte s'ouvrit. Le Démon balaya le garage d'un regard gourmand. Un Range Rover dormait. Des outils étaient éparpillés sur le sol. Des marteaux, des tournevis, une perceuse. Il frappa sur le coffre du véhicule.

— Toc, toc, toc. Serais-tu caché ici, Boris ?

Ce dernier ferma les yeux. Les larmes sortirent. Il plaqua sa paume contre sa bouche et se mit en position fœtale. Le Démon frappa de nouveau.

— Boris ? Ton odeur aigre m'a conduit jusqu'ici. Tu ne veux pas m'ouvrir ?

Le Démon fit claquer ses ongles un par un sur le coffre. Le son métallique glaça le sang de Boris, dont le visage était défiguré par la terreur.

— Ta peur n'est pas de mourir, mais comment. Là réside toute la différence. De quelle manière vas-tu mourir ?

Le Démon ouvrit la porte du coffre. Boris le supplia en mimant. L'être surnaturel lui attrapa les cheveux et le fit sortir en le jetant contre le sol cimenté.

— Trouvé !

Le sourire sadique du Démon s'étendit jusqu'à ses oreilles. Boris rampa vers la porte du garage. Les pas du Démon se rapprochèrent de lui. Il posa son pied sur le dos de sa victime et appuya sur celui-ci.

— Supplie-moi, ordonna le cauchemar d'une voix caverneuse.

Boris fondit en larmes. La façon dont il allait mourir le terrorisait. Il ne voulait pas endurer une atroce souffrance. Il voulait que sa mort soit rapide et indolore, mais il doutait que le Démon lui accorde cette faveur.

— Ah oui. J'ai omis que je t'ai pris la voix. Quel dommage. N'est-ce pas ?

Le Démon appuya plus fermement sur le dos de Boris. Celui-ci sanglota, les paumes plaquées contre le sol froid. Le Démon cligna des yeux, attrapa un marteau par la force de ses pensées et retourna Boris sur le dos avec son pied. Des larmes de terreur inondaient son visage.

— Je vais te raconter une histoire. Il était une fois une jeune femme, jolie, joviale, candide, qui rencontra des démons. Ceux-ci lui cassèrent les dents, la sodomisèrent, lui arrachèrent la peau de la poitrine.

Le Démon leva son marteau. Paniqué, Boris secoua vivement la tête. *Pas ça. Pitié, pas ça.* Il tenta de crier, mais aucun son ne s'échappa de sa bouche. Les mots étaient piégés dans sa gorge pour l'éternité. Le Démon sourit. Le vert de ses yeux brilla avec plus d'intensité. Le cauchemar frappa la bouche de Boris. Les dents explosèrent. Le choc provoqua un son strident. Les dents ricochèrent sur le sol. Le Démon s'accroupit et maintint la tête de Boris en enfonçant ses ongles dans ses joues. Ses ongles acérés lacèrent la peau de l'homme. Le Démon les fit descendre. La peau s'arracha. Il retira ses doigts, récupéra son marteau et frappa Boris à l'entrejambe. L'outil écrasa les testicules de l'homme. Il hurla en silence. Le Démon recommença. Il frappa les testicules, qui se transformèrent en miettes de chair.

Boris était devenu aussi blanc que le sommet du mont Blanc. Son regard cherchait des réponses dans les iris étincelants et hypnotiques de son bourreau. Le Démon agrandit les yeux. Boris y vit une femme, jeune, jolie, angélique, qui riait, puis son visage se décomposa. Il se mua en cendres, qui s'envolèrent au fond des pupilles du Démon. Boris ferma les paupières et les rouvrit. Les mâchoires du Démon s'écartèrent, et le tissu qui dissimulait ses lèvres craqua. De grandes dents acérées apparurent. Des dents vampiriques. Des dents pointues semblables à celles d'un félin. Des dents qui étaient alignées les unes derrière les autres. Le Démon planta ses dents dans le cou de l'homme. Celles-ci percèrent sa chair. Percèrent ses muscles. Son pouls cessa de battre. Boris mourut les yeux ouverts, remplis de la souffrance que Raymond avait éprouvée en découvrant sa fille morte, étalée nue sur le sol. Une souffrance qui l'avait déshumanisé pour l'éternité.

Marc se leva et ramassa son dé. Il poussa un long soupir de soulagement en voyant les trois petits points s'afficher. C'était son jour de chance, et il comptait en profiter. Cet après-midi, il passerait chercher ses enfants chez sa belle-mère et les emmènerait dans un parc de jeu. Léon les accompagnerait. Ils passeraient un excellent moment. Jasmine viendrait sûrement. Ils se changeraient les idées. Ils verraient les enfants s'amuser en ignorant que le monde des adultes était une usine dirigée par la société. Qu'en grandissant, ils deviendraient les employés de cette société corrompue, avide de pouvoir et d'argent. À force de répéter les mêmes gestes et de penser la même chose, chacun d'eux délaisserait et oublierait sa véritable identité. La société leur banderait les yeux pour qu'ils ne puissent plus voir leurs rêves d'enfant. Elle les menotterait pour qu'ils obéissent. Elle leur promettrait sécurité et confort pour leur faire oublier leur liberté d'exister.

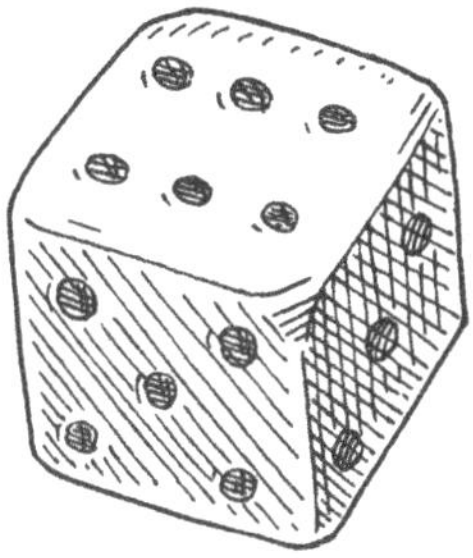

CHAPITRE 15
ÉGOCENTRISME

« Un homme n'est jamais si grand que lorsqu'il est à genoux pour aider un enfant. »
Pythagore

Adam s'étira et bâilla. Il avait dormi comme un bébé dans son lit, sur lequel Marc avait exploré et exploité le côté sombre qui sommeillait en lui. Il déverrouilla son smartphone et ouvrit les volets connectés à son application. Le ciel faisait la tête. Adam alluma les lumières de son appartement avec son smartphone. Il se dirigea en traînant les pieds vers sa cuisine, où il se fit couler un café en regrettant que sa machine Nespresso ne soit pas connectée à son smartphone. Il s'assit ensuite sur l'un des tabourets et alluma la télé grâce à son téléphone. Les informations relataient toujours les mêmes faits divers, qui donnaient envie de s'enfermer dans un bunker. Adam baissa le volume et ouvrit un paquet de spéculoos. Un SMS de Marc fit vibrer son téléphone :

son ami avait lancé son dé. L'avocat lui envoya un pouce levé et ouvrit l'application Instagram. Il lika ses photos préférées. Des femmes, dites influenceuses, qui exhibaient leur corps refait. Il avait l'impression de se trouver dans le rayon primeur du supermarché. Tous les fruits étaient parfaits. Aucun défaut. Peau lisse et éclairée. Merci les pesticides, qui offraient des pommes toutes identiques. Merci la chirurgie, qui offrait les mêmes lèvres charnues, les mêmes seins en forme de pastèque, les mêmes cuisses bombées sur chaque femme.

Adam ferma l'application. Il termina son café et posa la tasse dans l'évier. Il tenta de joindre Martial, mais tomba sur sa messagerie. Il espérait que son meilleur ami d'enfance avait trouvé des informations sur le Démon. Il voulait sortir de cette cage et retrouver sa liberté. Adam avala un énième spéculoos en attrapant son dé, qu'il avait posé sur le buffet. Il contempla son cube jaune, qui brillait de mille feux. Il lança l'objet sur la table de cuisine. Le dé roula et s'arrêta. Adam mâcha et avala tout rond le morceau de biscuit quand il vit cinq points noirs. *Eh merde. Action. Qu'est-ce que ce salaud va m'ordonner de faire ? Un attentat ? Voler la Joconde ? Kidnapper un gosse ? Je m'attends à tout avec ce taré de Démon.* Adam se retourna en entendant un cliquetis. Il ne parvint pas à identifier la provenance du son, qui se répéta avec la même cadence. Il avala sa salive et sursauta quand son téléphone vibra dans sa main. Il regarda l'écran, qui affichait une notification anodine. Il marcha dans son appartement en catimini. *Je sais qu'il est là. Quelque part. Il se cache.*

L'avocat retourna dans la cuisine. Le paquet de spéculoos était vidé sur la table. Les biscuits étaient émiettés sur celle-ci. Une fumée verte pailletée d'argent naquit sous la table et monta en l'entourant. Une fumée noire s'échappa cette fois-ci du micro-ondes. Elle se déploya jusqu'au plafond. Adam leva la tête et lâcha son téléphone en découvrant la tête de Boris. Il recula et heurta le Démon. Son pire cauchemar était là.

— Qu'est-ce que vous lui avez fait ?

— Cela ne se voit pas ? Dans ce cas, laisse-moi te montrer la douleur qu'il a savourée.

Le Démon enroula sa longue main autour du cou d'Adam et cligna des yeux. Les yeux de l'homme louchèrent. Ses membres mollirent. Sa tête partit en arrière. Il devint une marionnette. La scène de souffrance de Boris s'installa dans son esprit. Le marteau qui frappa son entrejambe. Le son de ses dents qui explosèrent sous le choc effroyable de l'outil. Adam revint à lui quand le Démon cligna de nouveau des yeux. Il était étourdi, sous le choc. Une violente nausée lui tordit l'estomac. Il vomit sur le sol. Les larmes ravagèrent son visage. Son meilleur ami était mort dans des conditions épouvantables. Il ne réalisait pas. *Boris ne méritait pas un tel sort.*

— Tu vas devoir effectuer une action.

Mais Adam n'écoutait plus le Démon. La vision d'horreur l'avait abasourdi, terrifié et attristé. Boris était mort. Marc et Martial étaient-ils au courant ? Le Démon claqua des doigts près de son oreille. Adam se força à se concentrer sur les prochaines minutes.

— Quelle est votre putain d'action ?

— Balancer Léon du col de Bérad.

Adam se retrouva sonné. Des images s'entrechoquaient dans son esprit. Celles du fils de Martial, qui riait et l'appelait tonton Adam. Celles de montagnes et de sentiers de randonnée. Il secoua la tête, comme pour remettre de l'ordre dans ses pensées.

— Je ne comprends pas.

Le Démon s'accroupit à sa hauteur.

— C'est pourtant simple. Balancer le fils de ton meilleur ami du col de Bérad.

— Je ne peux pas tuer un enfant, encore moins celui de mon meilleur ami. Vous êtes sadique ! Je refuse de faire ça !

— Et si je te disais que si tu balances cet enfant vivant de la montagne, je te ferai devenir sénateur en un claquement de doigts ?

Le visage de son père envahit l'esprit d'Adam. Un père euphorique de voir son fils marcher sur ses pas.

— Et comment feriez-vous cela ?

Le Démon s'installa sur un des fauteuils patchworks en étendant ses jambes d'une longueur surnaturelle.

— Comment ? Je suis le Démon. Je peux tout t'obtenir.

— Je ne vous crois pas.

— Mon existence te paraissait impossible avant, non ?

Adam baissa les yeux et réfléchit.

— Si je balance Léon du col de Bérad, vous m'obtiendrez vraiment ce siège de sénateur ?

Le Démon se redressa.

— Oui.

— Et si je refuse de tuer Léon, vais-je mourir ?

— Tu verras bien.

Un silence lugubre s'invita. Le Démon se leva et pressa Adam de se prononcer.

— Alors, que choisis-tu ? La gloire et la fierté de ton père au prix de la mort d'un petit garçon ? Ou bien décides-tu de renoncer à cette action et de découvrir la surprise qui t'attend ?

Adam chercha sa cigarette électronique. Comme si le Démon avait lu dans ses pensées, il cligna des yeux, et l'objet cancérigène apparut aux pieds de l'homme, qui le saisit et le porta à sa bouche. La saveur caramel lui remit les idées en place. Il cracha une longue fumée marron et formula explicitement sa réponse :

— C'est bon. Je vais l'effectuer, votre action.

Le Démon hocha la tête, cligna des yeux et disparut. Adam soupira et porta de nouveau la cigarette électronique à sa bouche. Il inspira longuement et recracha la fumée colorée, qui se dissipa dans la pièce. *Martial ne doit pas savoir. Il ne doit pas savoir. Il ne comprendrait pas. C'était la vie de son môme ou la mienne.*

L'avocat chercha les clefs de son Audi et sortit. Le vent hivernal le saisit. Adam se fichait d'attraper un mal de gorge. C'était le cadet de ses soucis. Il s'engouffra dans son véhicule et chercha sur son portable l'adresse de la mère de Jasmine. Google lui fournit l'itinéraire en moins de deux minutes. Il démarra et suivit les indications du GPS. Il avait déjà rencontré Gisèle Valet lors de déjeuners familiaux. Une grand-mère très discrète et soucieuse de faire plaisir. Le type de grand-mère qui ne supporte pas que ses petits-enfants paient à sa place ou qui dit « Vous auriez dû garder vos sous, les jeunes. » quand ceux-ci lui offrent des cadeaux. Une femme exemplaire, qui avait élevé deux filles totalement opposées. Le désert et la banquise.

Adam jeta un coup d'œil à son tableau de bord. Midi dix-sept. Il réfléchit à une excuse. Plusieurs lui vinrent à l'esprit, mais une seule surpassa toutes les autres. Il quitta la route pour s'engager sur un chemin menait à un petit village entouré par les montagnes. Un village paumé au milieu de nulle part dans lequel il n'aurait pas aimé vivre. Le village était désert. Aucune boulangerie. Aucune épicerie. Seule la mairie paraissait encore vivante avec le bureau de poste situé en face. Il traversa la rue principale et tourna dans une impasse. Le GPS lui indiqua qu'il avait atteint sa destination. Adam comprit que la maison de Gisèle était la première maison qui débordait de l'impasse. Il continua jusqu'au fond de l'impasse et fit demi-tour. Il se gara sur le trottoir en prenant soin de ne pas heurter le muret avec son rétroviseur extérieur. Puis il resta quelques minutes dans la voiture. Il pensa à son père, fier de présenter l'excellence de son fils. Serait-il encore plus fier s'il devenait sénateur comme lui ? S'il franchissait la dernière étape pour atteindre le sommet de l'excellence sur lequel trônait déjà son père ? Un sommet en bas duquel attendait patiemment sa mère.

Le quadragénaire inspira. Il refusait que son père le regarde du haut de ce sommet comme il le faisait avec sa mère. Il voulait que son père le regarde sans devoir baisser la tête. Il porta la cigarette électronique à sa bouche. S'il n'effectuait pas l'action du Démon, celui-ci l'enverrait dans les ténèbres. *Autant effectuer sa putain d'action afin que je reste en vie et qu'en prime, je devienne sénateur. J'espère que Martial nagera dans l'ignorance longtemps, car, s'il apprend que c'est moi qui suis derrière son malheur, il voudra ma peau, et il y parviendra.*

L'avocat descendit et poussa le portillon en bois. Un vieux labrador à la robe chocolat vint le saluer. Adam le repoussa. Il n'aimait déjà pas les femmes, ce n'était pas pour aimer les bêtes à la place. Il s'approcha de la porte d'entrée et frappa. La grand-mère fronça les sourcils à la vue d'Adam, qui se présenta le plus chaleureusement possible.

— Ah oui. Bien sûr. Adam, l'avocat charismatique. Nous nous sommes vus la dernière fois au baptême d'Arielle. Que le temps passe vite ! Elle savait à peine marcher et, là, elle court partout. Comment allez-vous ?

— Les petits loups poussent vite, en effet. Je pourrais aller mieux si Martial n'avait pas eu un accident de voiture ce ma…

Adam sourit intérieurement en voyant le visage de Gisèle se peindre en blanc. C'était l'effet qu'il voulait produire. Il voulait la déstabiliser. Quoi de mieux que de prétendre à un accident de voiture, ce dont sa propre fille était décédée cinq ans plus tôt ?

— Mon Dieu !

Gisèle posa la main sur sa poitrine. Elle manqua de perdre l'équilibre, mais l'ange Adam était là pour la rattraper.

— Respirez. Tout va bien. Martial va bien. Il m'a seulement chargé de récupérer Léon pour qu'il puisse le voir en fin d'après-midi.

Adam était fier de maîtriser l'art du mensonge. Il n'avait jamais eu de scrupule à mentir. Quelquefois, il pensait que le mensonge n'était pas que malfaisant. Il possédait aussi des vertus.

Gisèle se confia d'une voix plaintive :

— Ma… fille…

— Je sais. Ne dites rien. Tout va bien. Martial s'en sort avec une jambe cassée et quelques égratignures.

— Que s'est-il passé ?

— Je n'en ai aucune idée. J'en saurai plus dans quelques heures.

— Je craignais que ce ne soit plus grave. Je suis désolée. Mais ne restez pas dehors.

Adam entra. La maison était ancienne. Elle avait vu grandir plusieurs générations. La tapisserie dominait encore sur les murs. Une cloison vitrée séparait le salon de la cuisine. Des bonbons étaient posés sur la table de la cuisine.

— Souhaitez-vous un café, un thé, un verre de jus de fruits ?

— Non, merci. Je suis passé chercher Léon. Nous avons encore de la route à faire.

— Quelle tragédie. Il a appelé Léon hier. Il lui a dit qu'il passerait le voir cet après-midi et l'emmènerait manger une glace au McDo avec ses cousins. Vous êtes sûr qu'il va bien ?

Adam s'approcha de Gisèle et posa la main sur son bras.

— Tout va bien. Où est Léon ?

— Je vais le chercher.

La grand-mère quitta la cuisine et monta chercher son petit-fils. Adam balaya la pièce d'un regard neutre. Il s'arrêta sur la porte du frigo où le portrait de Lara était accroché. Elle ne devait pas avoir plus de dix ans.

— Tonton Adam ! s'écria l'enfant. Papa va bien ?

— Tout va bien. Nous allons le voir.

Léon embrassa sa grand-mère et monta dans l'Audi. Adam inspira et quitta le village pour se diriger vers le col de Bérad.

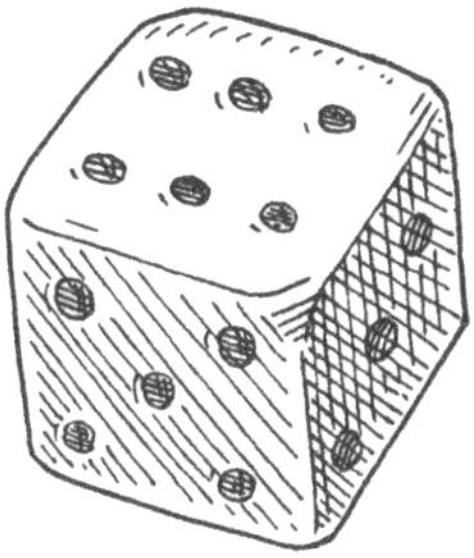

CHAPITRE 16
INSTANT

« Un instant de bonheur vaut mille ans dans l'histoire. »
Voltaire

Martial se gara devant chez lui. Il était onze heures trente. Perle ne tarda pas à se garer derrière lui. Ils avaient pris la route très tôt le matin. Martial avait tenu à ce que la quinquagénaire rentre avec lui pour qu'elle présente à ses amis les preuves accumulées sur le Démon. À son grand étonnement, elle lui avait dit oui immédiatement. Elle n'avait pas hésité à le suivre et à lui prêter main-forte. Elle devait seulement coller un mot sur la porte de sa boutique pour avertir ses clients de la fermeture exceptionnelle de celle-ci. Martial l'avait accompagnée. La boutique de Perle était très chaleureuse. Une atmosphère féerique s'en dégageait. Étaient-ce les fleurs colorées qui procuraient cette belle sensation ? Martial n'avait pas su. Il n'avait plus mis un pied chez un fleuriste depuis la mort de Lara. Perle lui avait présenté d'une voix enjouée les différentes plantes et les vertus qui y étaient associées. Martial s'y était intéressé plus pour lui faire plaisir que par curiosité. Une belle femme, autant sur le plan physique que mental. Elle était pleine d'énergie bien que la vie l'ait giflée de nombreuses fois. Il avait été peiné en écoutant son récit. Le Démon avait brisé sa vie. Elle était une victime collatérale. *Et elle n'est sûrement pas la seule,* avait songé le psychiatre, qui avait pris conscience que le Démon ne se contentait pas de démolir la vie de ses joueurs. Il démolissait aussi la vie de ceux qui partageaient le quotidien des joueurs.

Martial descendit de sa voiture et observa Perle faire de même. Elle portait une doudoune rose pâle et une longue robe en maille blanche. *Elle est si jolie. Cinquante ans. Je ne le crois toujours pas. J'ai l'impression de me trouver devant une femme de trente ans. Belle, libre, mais casanière. Douce avec une dose de fatalité. Insouciante dans la limite du raisonnable.* Martial sourit et remercia la divinité qui lui avait envoyé Perle pour vaincre le Démon. Mais il se ravisa aussitôt : si une telle divinité existait réellement, elle n'aurait pas mis le Démon sur leur chemin. Perle regarda la maison et en fit compliment avec sincérité.

— Chouette demeure. Tu vis ici seul avec ton fils ?

Martial fit une moue. Il avait parlé de son fils, certes, mais pas de Lara. L'occasion ne s'était pas présentée. Perle avait certainement supposé qu'il était divorcé, en dépit de la présence de l'alliance à son majeur.

— Mon épouse est décédée il y a cinq ans. Accident de voiture.

Perle porta la main à sa bouche.

— Mon Dieu. Je suis désolée. Vraiment désolée.

Elle paraissait horrifiée et terriblement confuse. Elle baissa les yeux. Le vent jouait avec ses cheveux bouclés.

— Et si on rentrait ? J'ai l'impression que la pluie va arriver.

Perle leva la tête. Le ciel était gris, et l'orage commençait à gronder. Elle hocha la tête puis suivit Martial en observant la maison. *Une femme aujourd'hui morte a vécu ici. Ses souvenirs sont gravés dans chaque mur. Chaque objet a sa valeur. Chaque meuble a son odeur.*

Elle s'installa sur le canapé et déballa les affaires qu'elle avait apportées. Elle posa son classeur sur la table basse. Martial l'avertit qu'il s'absentait quelques minutes pour contacter son meilleur ami, Marc, afin de le prévenir qu'il était revenu. Perle leva le pouce. Le médecin rit. Depuis combien de temps n'avait-il pas ri avec une femme ? Depuis la mort de Lara.

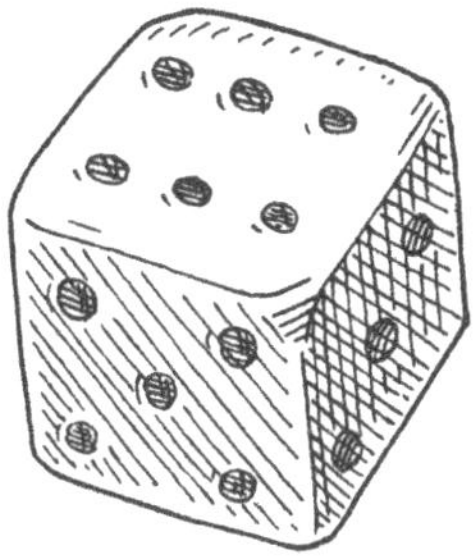

CHAPITRE 17
EFFROI

« Le monde entier n'est qu'un accident effroyable, avec quelques incidents agréables mêlés à la masse. »
Olaf Stapeldon

Jasmine rangea les courses dans les placards de la cuisine. Marc lui proposa d'emmener les enfants se défouler dans un parc de jeu. L'idée parut enthousiasmer sa femme dont le regard démentait son timbre de voix, qui se voulait serein.

— Que se passe-t-il ? s'inquiéta Marc. Tu as le regard plongé dans le vide.

Jasmine passa la main dans ses cheveux ébouriffés et se gratta le dos de la main. Un geste qu'elle effectuait dès que l'angoisse la pourchassait. Elle ne leva pas les yeux. Elle ne voulait pas croiser le regard de son mari. Elle ravala un sanglot.

— J'ai torturé un homme. J'étais tellement haineuse que mon âme s'est échappée de mon corps que la vengeance consumait à petit feu. J'ai laissé les flammes brûler mon âme sans chercher à éteindre cet incendie. Le Démon m'a dit que j'avais été égoïste. Je n'ai pas remarqué que les flammes mangeaient d'autres âmes que la mienne. La mort de Lara a carbonisé mon cœur, mon corps, mon esprit. Plus rien n'était vivant à l'intérieur de moi. Mon corps était devenu un tas de cendres que seule la vengeance pouvait rallumer. Je le croyais, du moins. Cet homme, Colin Harpeur, ne voulait probablement pas tuer une mère de famille. J'ai cru que la mort de Lara ne l'avait pas touché. Je me suis probablement trompée. La mort de Lara lui aura ou lui aurait peut-être servi de leçon. Je voyais cet homme comme un monstre. Grand. Féroce. Cruel. Je n'ai pas vu l'être humain qu'il était et qu'il avait été. Aujourd'hui, cet homme est mort. Je lui ai charcuté de sang-froid la jambe. Moi, qui suis une épouse accomplie et une mère de famille dévouée. Que diraient nos enfants si…

Marc enlaça Jasmine.

— Les enfants doivent ignorer cette parenthèse noire. Tu es leur maman. Celle qui se démène pour eux. Celle qui leur offre trop, voire beaucoup trop, d'amour au quotidien.

Marc prit le visage de son épouse dans ses mains.

— Le Démon vous a forcés à commettre cette barbarie. Tu n'as pas l'âme pourrie.

— Si. J'ai cru que je rendais justice. Que sa souffrance serait juste et légitime, alors qu'elle ne l'était pas du tout. Alors que j'ai rêvé de ce moment pendant cinq longues années avec l'ultime conviction que je serais guérie. Qu'enfin il souffrirait autant qu'il nous a tous fait souffrir. La haine m'a déshumanisée. J'aurais dû exprimer ma souffrance à un spécialiste. Je me hais. Je ne voulais pas être cette femme vindicative et barbare.

— La haine a joué avec toi. Une haine née de la mort de ta petite sœur. Tu n'es pas une femme malfaisante.

— Et si la haine n'avait fait que dévoiler une partie de moi que je ne connaissais pas ? Je me vois couper la jambe de cet homme de sang-froid. Martial lui-même en était effrayé. Je l'ai lu dans ses yeux. Qui suis-je ? Est-ce qu'à mon âge, j'ai le droit de m'interroger sur qui je suis vraiment ?

Marc avala sa salive. Les propos de Jasmine trouvaient un écho en lui. Il chassa l'image de Séphora en train de le sucer. Il ne voulait pas penser à ces sensations à cet instant.

— Nous succombons tous à la folie à un moment de notre vie. Ce passage ne signifie pas une remise en question de qui tu es, mais de ce que tu veux vraiment être.

Marc détestait philosopher. Jasmine le dévisagea.

— J'espère que la folie dont tu parles ne se résume pas à ce que Martial et moi avons commis.

Marc replaça une mèche de cheveux derrière l'oreille de Jasmine et lui caressa la joue. Il s'apprêtait à la rassurer quand son smartphone vibra dans sa poche. Il décrocha et actionna le haut-parleur.

— Martial ? Tu es en haut-parleur. Jasmine est avec moi.

Martial les salua tous les deux et leur expliqua brièvement qui était le Démon, ainsi que sa rencontre avec Charles et Perle. Il les invita à tous se retrouver ce soir pour trouver ensemble une manière de rompre la malédiction associée au Dé-Mon.

— Attends. Tu es en train de nous dire que le Démon n'est autre qu'un résistant français ? Nous marchons sur la tête. Comment a-t-il pu se transformer en monstre et acquérir des pouvoirs surnaturels ? Comment peut-il tout simplement exister ?

— Marc. Cessons de penser comme des cartésiens. Il faut penser de façon très, très ouverte et admettre définitivement que le surnaturel peut exister. Il faut accepter la situation.

Jasmine s'empara du téléphone.

— Martial ?

— Oui ?

— Tu es psychiatre. Tu devrais parvenir à l'aider.

— Les psychiatres ne sont pas des magiciens. Sinon, crois-moi, j'aurais usé de ma magie pour rendre l'homme moins abject.

Marc récupéra son smartphone.

— As-tu informé Adam de tes découvertes ?

— Son téléphone est éteint. En revanche, j'ai écrit à Boris pour l'informer de la situation. J'attends toujours sa réponse.

— OK. Jasmine et moi partons chercher les…

Le téléphone fixe de la maison sonna. Jasmine se précipita pour décrocher.

— Maman ! Tu es certaine ? D'accord. Ne t'inquiète pas. Occupe-toi de Victor et Arielle. Nous t'expliquerons tout dès que Léon sera avec nous. Il faut que je te laisse. Embrasse les enfants pour moi. Oui. Ne t'inquiète pas. Je raccroche. Bisous.

— Que se passe-t-il ? s'enquit Marc.

— Ma mère m'appelait pour savoir si j'avais tenu le coup en apprenant que Martial avait eu un accident de voiture.

Martial, qui ne perdait pas une miette de la conversation, s'écria :

— C'est quoi ces conneries ? Où est Léon ?

Jasmine poursuivit, la voix tremblante :

— Adam s'est rendu chez ma mère en lui affirmant que tu avais été victime d'un accident de voiture et que tu l'avais missionné pour récupérer Léon afin que celui-ci passe te rendre visite à l'hôpital. Ma mère l'a cru. Elle lui a laissé Léon.

— Oh, putain, maugréa Martial. C'est le Démon. J'en suis certain.

— Tu crois ? interrogea Marc.

— Marc, tente de joindre Boris. Peut-être qu'Adam et lui se sont vus ou ont échangé des SMS.

— OK. Martial ?

— Quoi ?

— On va le retrouver, ton fils. Et vivant.

— Si je le perds, je me flingue.

Jasmine frappa sa main contre la table de cuisine.

— Quelle pourriture !

Marc composa le numéro d'Adam. Le téléphone était toujours éteint. Il récapitula la situation par SMS à Boris. Jasmine pratiqua la respiration abdominale pour se détendre. Elle avait suivi des cours de sophrologie sur YouTube pour l'aider à retrouver sa sérénité. Mais, cette fois, cette pratique respiratoire ne l'aida pas à se calmer. Son cœur battait trop vite. Le fils de sa défunte sœur se trouvait entre les mains d'Adam, un homme prêt à tout pour préserver son confort.

— Il faut appeler la police. Signaler un enlèvement.

— Ce serait le mettre en danger. Le Démon a les dés en main. C'est le cas de le dire.

— Nous n'allons quand même pas rester les bras croisés !

Marc ne répondit pas. Jasmine craqua. Qu'avait-elle fait au bon Dieu pour mériter de telles souffrances ?

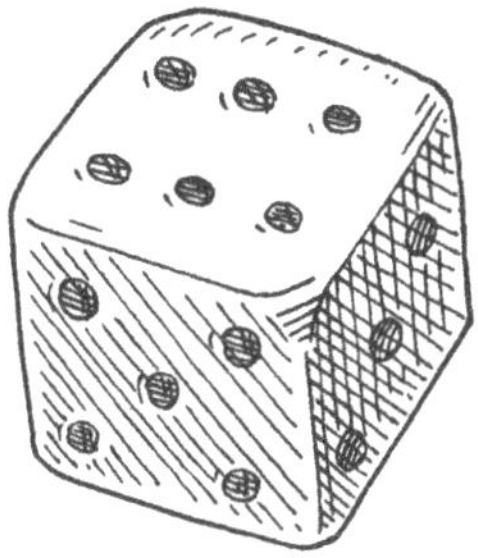

CHAPITRE 18
ESPOIR

« L'espoir est une mémoire qui désire. »
Honoré de Balzac

— Il a mon fils.

— Qui ? Le Démon ?

Martial faisait les cent pas dans son salon en expliquant qu'Adam, son meilleur ami d'enfance, qui subissait lui aussi la malédiction du jeu de dé, avait kidnappé son fils en affirmant à sa belle-mère qu'il avait eu un accident de voiture.

— Tu penses que le Démon se cache derrière l'acte de ton ami ?

— Qui d'autre ? s'emporta Martial. Pour quelle raison Adam aurait-il agi de cette manière ? Le Démon lui a ordonné d'effectuer une action. Celle de prendre mon fils.

Perle fouilla parmi les pochettes plastiques du classeur dans lequel elle avait rangé toutes les preuves. Martial lui avait dit supposer que chaque action donnée par le Démon n'était pas un hasard. Que chacune détenait une signification particulière. Tous les deux, ils avaient pu découvrir que son hypothèse était plausible.

Couper à la hache les jambes de Colin Harpeur avait une signification. La hache était un symbole : l'outil qui avait fracassé les volets et les planches de bois du chalet dans lequel le futur Démon croyait sa fille en sécurité. L'action de Boris représentait la pudeur et l'humiliation de se retrouver nu en public. Molly s'était retrouvée nue et humiliée. Perle étala les documents. Martial lui avait confié l'action de son meilleur ami, Marc. Celui-ci devait tromper sa femme. La quinquagénaire fronça les sourcils. Martial et elle n'avaient pas trouvé de lien hormis celui du viol de Molly. Enfin, elle pensa à Boris. Le Démon lui avait pris sa voix. Symbole de la liberté. Sa fille, Molly, n'avait plus jamais pu s'exprimer. Perle scruta les photos. Elle sentait que la réponse était sous ses yeux. *Allez, Perle, tu peux le faire. Sois comme ton père, sauve des vies. Tu peux trouver. Martial et toi avez découvert que chaque action est associée à un événement du passé. Ils sont tous liés.*

— Il faut trouver quelle action le Démon a ordonnée à Adam. Je vais lancer mon dé. Le Démon va se manifester.

Perle ne prêta pas attention aux paroles de Martial, qui lança son dé. Celui-ci afficha le chiffre chanceux. Le médecin hurla de frustration. Il récupéra l'objet et le balança contre le mur encore et encore. Chaque fois, le même chiffre se présenta. Perle éparpilla les documents. Elle lut et relut les récits. Elle scruta de nouveau les photos. Les montagnes. Les résistants. Les articles de journaux. Les peintures. Elle posa les clichés les uns à côté des autres et fixa chaque photographie avec la conviction que la réponse se trouvait devant elle. Elle se pencha sur la photo représentant les résistants assis sur le tronc d'arbre couché au sol et glissa son doigt sur l'image, à la recherche d'un potentiel indice. Son index s'arrêta sur le visage d'un résistant brun, moustachu, dont les traits étaient grignotés par la fatigue. Elle descendit son doigt et regarda les dés posés devant lui. Elle remonta son index et toucha le sommet des montagnes en arrière-plan. Elle fronça les sourcils et fouilla dans les documents éparpillés sur la table, en quête d'une fiche sur laquelle elle avait griffonné des mots-clefs. Elle trouva la feuille coupée en quatre et lut les mots qu'elle avait listés. *Dé. Jeu. Soldats. Résistants. Guerre. Juifs. Chalet. Bérad. Montagne.*

— J'ai trouvé !

Martial leva la tête. Perle sourit en levant sa fiche.
— Le col de Bérad.
— Quoi, le col de Bérad ?
— Ils vont là-bas.
— Comment peux-tu en être certaine ?
Perle inspira.
— Tu as émis l'hypothèse selon laquelle chaque action est liée à un événement du passé. Le col de Bérad est le lieu où tout a commencé et où tout s'est terminé.
— Perle, chaque minute compte. Je ne vois pas de lien entre ce lieu et mon fils.
Perle se leva et attrapa les mains de Martial. Elle mâcha ses mots, qui auraient un goût amer dans les oreilles de Martial.
— Écoute-moi. La fille du Démon est morte au col de Bérad. Adam détient ton fils. Ce lieu renferme un lien paternel. Ton fils et toi. Le Démon et sa fille.
— Ne me dis pas qu'Adam s'apprête à assassiner mon petit garçon ?
Les jambes de Martial le lâchèrent. Ses boyaux se tordirent. Son cœur ralentit. Il tomba sur le sol. Perle s'agenouilla près de lui.
— Nous devons nous rendre au col de Bérad maintenant.
— Le col n'est pas accessible en voiture, à ma connaissance. Je ne connais que les sentiers, et il y en a pour deux heures. Je...
Martial se sentit oppressé. Il ne trouvait plus sa respiration. Perle le secoua et lui tapa doucement sur les joues.
— Je connais un sentier carrossable. Reste avec moi.
Martial était parti dans le passé. Il voyait Lara à la maternité avec Léon dans les bras. Il voyait Léon marcher à quatre pattes. Il voyait Lara et Jasmine éclater de rire. Il voyait Jasmine frapper la jambe de Colin Harpeur. Il voyait la fille du Démon se faire violer par trois hommes. Il voyait le Démon se battre aux côtés des résistants. Il voyait Adam au col de Bérad pousser son fils dans le vide. Martial reprit ses esprits.
— Je ne veux pas le perdre. Pas Léon.
— On va le retrouver. Suis-moi.
Martial obéit. Perle l'aida à se relever. Ils s'engouffrèrent dans la voiture de la quinquagénaire. Martial composa le numéro de Marc, les mains tremblantes. Ce dernier décrocha au bout de la deuxième

sonnerie. Le médecin éprouva des difficultés à expliquer le raisonnement de Perle. Marc fut surpris d'apprendre qu'un sentier était accessible en voiture pour rejoindre le col de Bérad. Martial raccrocha et regarda les montagnes à travers la vitre.

— Ma belle-sœur voulait prévenir la police.

— J'y ai pensé, mais le Démon a toutes les cartes en main. Ou plutôt les dés.

— C'est ce que j'ai dit à son mari. Le Démon est plus malin. Si je perds mon fils, je me flingue. Je ne survivrai pas.

Perle appuya sur l'accélérateur.

— Nous allons sauver ton fils.

— Et s'ils ne sont pas au col ?

— Ils y seront.

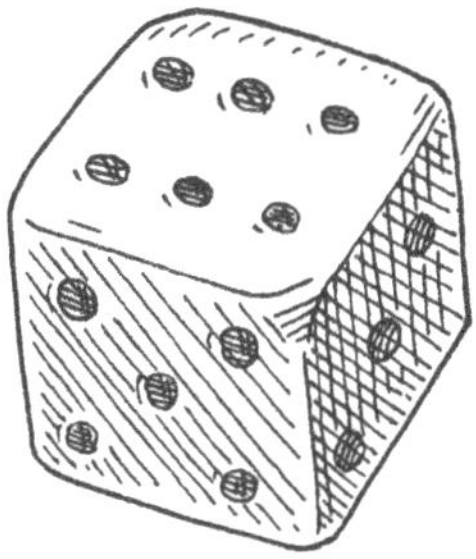

CHAPITRE 19
AU SOMMET

« Ma vie entière a été déterminée par deux idées antagoniques : le sommet et le fond. »
Salvador Dali

Adam quitta la route pour s'engager sur un sentier forestier. Léon fronça les sourcils en constatant que l'Audi quittait la route pour les montagnes.

— Tonton Adam ? On va bien voir papa ?

— Bien sûr. Pourquoi ?

— Parce que là, nous sommes dans une forêt.

— Ton père se trouve dans un hôpital derrière la montagne.

— Ah.

Léon cessa de poser des questions. Adam soupira. Il observa le petit garçon du coin de l'œil. Il avait une bouille à bisous. Des cheveux fins et ondulés. Un petit nez retroussé. Il dessina avec son doigt sur la vitre.

Adam jeta un coup d'œil à l'heure affichée sur son tableau de bord. Dans une quinzaine de minutes, ils seraient arrivés au col de Bérad. L'orage gronda. Léon sursauta. Un éclair illumina le ciel terne et sans vie. L'avocat rassura le garçon.

— J'ai pas peur des orages, car c'est le Père Noël qui bouge ses meubles avec l'aide des lutins. C'est papa qui me l'a dit.

— Ton père a raison.

Un peu trop souvent, d'ailleurs.

— Je sais. Tonton Adam, c'est quoi ça ?

Adam tourna la tête et vit que Léon tenait dans les mains le fameux rouge à lèvres qui dissimulait un pénis en silicone.

— Un rouge à lèvres qu'une copine à moi a oublié. Repose-le, veux-tu ?

Léon replaça le rouge à lèvres où il l'avait trouvé et se cala contre le siège. Il assembla ses petites mains l'une dans l'autre et bâilla. Adam tourna sur un sentier étroit. Il sentit les branches rayer sa carrosserie et grimaça. Il regarda une seconde fois l'heure sur son tableau de bord. Quinze heures vingt. Martial était-il au courant ? Probablement. Était-il au courant qu'un sentier accessible en voiture pour atteindre le col de Bérad existait ? Moins probable. Adam le connaissait, car son père était un braconnier qui se fichait des lois, de la nature et du bien-être animal. Son père avait pour habitude d'emprunter ce sentier avec son quatre-quatre pour braconner.

Le jour de ses dix-sept ans lui revint en mémoire. Martial et Marc qui quittaient la fête, car son père les avait fichus dehors, offusqué que Martial lui balance qu'il fallait être pourri de l'intérieur pour tuer un animal de sang-froid. Ses meilleurs amis d'enfance n'aimaient pas son père, pour ne pas dire qu'ils le détestaient. Ils avaient toujours été effrayés par cet homme sans scrupules, qui racontait ses parties de chasse. Adam voyait en Léon une partie de Martial. Les mêmes traits fins et la même sensibilité. Martial était le plus sensible de la bande. Celui qui croyait à la bonté humaine, sauf quand il s'agissait de parler de son père. Marc était le plus tenace, le bras droit de Martial. Adam en avait été jaloux à une époque. Marc ne jurait que par Martial. Boris était le plus rêveur, un peu marginal. Il suivait la bande sans s'affirmer, mais répondait toujours présent quand l'un d'eux avait besoin d'aide. Tous les quatre avaient tissé des liens familiaux que le Démon défaisait.

Adam ne tarda pas à atteindre le col. Il agrippa le volant. Il avait pris la bonne décision. Martial lui en voudrait mais, avec le temps, il finirait par comprendre qu'Adam avait préféré sauver sa propre vie que celle de son fils. Il se gara. Quelques gouttes de pluie tombèrent.

— Nous sommes arrivés ?

— Oui. Tu peux descendre.

Léon ouvrit la portière. Le vent lui gela les joues. Il noua son écharpe et saisit la main d'Adam.

— Tu viens, tonton Adam, on va voir papa.

Le petit garçon ne remarqua pas que l'endroit était désert. Le vent soufflait comme pour l'inciter à fuir. Léon toussa et tenta de chasser les bourrasques avec sa main.

— Vite, tonton. Je vais attraper froid.

Adam avala sa salive. *Maintenant.* Le vide se trouvait juste devant eux, à quelques pas. Il avait juste à pousser Léon. Le vent étoufferait ses cris. L'avocat tira Léon et le porta. Le garçonnet rit en pensant que son tonton jouait. Il comprit très vite qu'Adam ne jouait pas.

— Pose-moi, tonton. Tu me fais mal au bras.

— Pardonne-moi.

— Tonton. Lâche-moi. S'il te plaît.

Adam s'approcha du bord du précipice. Encore quelques pas et tout serait terminé. Le vent souffla dans ses oreilles, emportant les supplications du petit garçon. Léon paniqua et pleura. Adam se mordit les lèvres. Il le posa au bord du gouffre. Léon s'apprêtait à regagner la voiture, mais Adam le retint par le bras.

L'enfant se tut. L'air frais gela ses larmes. Il sanglota en agrippant son écharpe.

— Regarde-moi, Léon. Regarde-moi.

Le petit garçon leva les yeux. Adam lui caressa les cheveux.

— Je te demande pardon. Tout va bien se passer.

Léon se frotta les paupières.

— Je veux voir papa. Où est papa ?

Adam posa ses mains sur les joues du petit garçon.

— Regarde-moi. N'arrête pas de me regarder. Voilà. Tout va bien se passer.

L'avocat attrapa chacun des bras du petit garçon, et il allait le pousser quand il se retrouva figé. Impossible de bouger les jambes et les bras. Ses genoux étaient collés sur la roche. Adam maugréa. Il ne comprenait pas. Le vent cessa de souffler. Un silence ténébreux survint. Une fumée noire les entoura.

Adam tourna la tête et vit un homme marcher dans leur direction. Il portait une tenue militaire. *C'est quoi ce bordel ? Qui est ce type ?* L'homme s'accroupit à la hauteur de Léon. Le petit garçon se méfia. Adam reconnut les yeux émeraude. Il sut que l'être humain devant lui n'était autre que le Démon, qui avait changé d'apparence.

— Qu'est-ce que vous faites ? C'est à moi de le jeter dans le vide, non ?

Le Démon ne répondit pas. Il tendit la main vers Léon et ouvrit sa paume, dans laquelle apparut un dé. Le petit garçon contempla l'objet.

— Un dé porte-bonheur. Autrefois, il appartenait à ma fille. C'est un dé magique. Veux-tu souffler dessus ?

Léon regarda Adam, qui hocha la tête. Il souffla, et des papillons s'envolèrent du dé. Les yeux de l'enfant brillèrent.

— Encore ! réclama le garçonnet.

Le Démon sourit.

— Donne-moi ta main.

Léon la lui tendit. Le Démon y déposa son dé, celui sur lequel sa fille avait misé sa sécurité, son existence, ses espoirs de vivre dans un monde de paix.

— Tu me promets de toujours veiller sur ce dé ?

— Promis !

— Alors, garde-le. Maintenant, file dans la voiture.

L'orage arriva.

L'être surnaturel tapa l'épaule de Léon, qui courut s'enfermer dans l'Audi.

— Cassez-vous. Je suis en train d'exécuter votre satanée action.

Le Démon, désormais sous forme humaine, sourit.

— C'est bien cela le problème. Tu exécutes mon action.

Adam ne comprenait pas. Il tentait de se relever, en vain. Ses genoux étaient collés sur la roche.

— Tuer un enfant pour la gloire et le pouvoir est pathétique et immonde.

— Non ! se défendit Adam froidement. C'était sa vie ou la mienne. Vous alliez me tuer. Je n'ai pas fait ça pour obtenir le poste que vous m'avez promis, mais pour sauver mon cul.

Raymond secoua négativement la tête.

— Je n'ai jamais dit que tu mourrais si tu refusais de m'obéir.

— Vous avez dit…

Raymond cligna des yeux. Leur dialogue précédent se projeta en vision dans l'esprit d'Adam.

Le Démon se levait et s'installait sur un des fauteuils en étendant des jambes d'une longueur surnaturelle.

— *Comment ? Je suis le Démon. Je peux tout t'obtenir.*

— *Je ne vous crois pas.*

— *Mon existence te paraissait impossible avant, non ?*

— *Si je balance Léon du col de Bérad, vous m'obtiendrez vraiment ce poste ?*

— *Oui.*

— *Et si je refuse de tuer Léon, vais-je mourir ?*

— *Tu verras bien. Alors, que choisis-tu ? La gloire et la fierté de ton père au prix de la mort d'un petit garçon ? Ou bien décides-tu de renoncer à cette action et de découvrir la surprise qui t'attend ?*

— *C'est bon. Je vais l'effectuer, votre action.*

Adam détourna les yeux. Le Démon était devant lui. Il avait beaucoup de questions à lui poser, notamment sur son aspect humain, mais le moment n'était pas propice. Raymond attrapa la gorge d'Adam.

— Alors, Adam, est-ce que tu allais mourir si tu épargnais cet enfant ?

Sa voix était revêche. Une fine pluie tomba sur le visage d'Adam.

— Vous avez évoqué une surprise. Dans votre bouche, le mot « surprise » est très loin de posséder une connotation joyeuse.

Le Démon sourit, et ses lèvres humaines s'étendirent jusqu'à ses oreilles. Adam ne détourna pas les yeux. Raymond poursuivit :

— Si tu avais renoncé à cette action, j'aurais démoli ton dé, et tu aurais repris ta vie d'avant.

— J'étais censé le savoir comment ? coupa sarcastiquement Adam.

— Là était la surprise.

Adam baissa la tête. Des gouttes de pluie tombèrent de ses mèches de cheveux pour couler le long de sa nuque.

— Vous allez me tuer ? Ce n'est pas la règle du jeu. La règle est que je tue ce môme et qu'ensuite, vous m'obtenez ce siège de sénateur, et basta. C'est ça la règle ! s'emporta Adam. Vous n'avez pas le droit de la changer à votre guise. Je l'ai respectée. Vous n'avez pas le droit d'y déroger.

Adam tentait de bouger les jambes, mais ses tibias étaient toujours cloués sur le sol rocheux. Le Démon tapota la joue d'Adam.

— Je vais te raconter une histoire.

— Je m'en fous ! s'énerva l'avocat. Relâchez-moi. Vous avez posé votre règle, et je l'ai respectée, peu importe le prix à payer.

Raymond cligna des yeux. Le poignet d'Adam se tordit. Il le supplia. L'ancien résistant mit fin au calvaire de sa victime, qui se força à l'écouter.

— Un soir d'hiver, dans ces environs, une jeune Juive de dix-sept ans était cachée dans un chalet, qui a été détruit depuis. Des nazis parvinrent à pénétrer dans sa forteresse, qu'elle croyait solide et invisible, perdue au cœur de ces montagnes. Les nazis lui promirent la sécurité si elle acceptait de les suivre. Elle refusa. Les nazis firent mine de quitter le chalet, mais attendirent que la jeune femme sorte pour se jeter sur elle comme des lions sur une gazelle.

— Quel est le rapport avec moi ?

— Le rapport est que ces hommes ont menti à cette jeune femme. Ils lui ont promis la sécurité si elle les suivait. Or, si elle les avait suivis, ils se seraient tout de même jetés sur elle. Ces hommes lui avaient fait une promesse sans aucune intention de la tenir.

— Vous êtes en train de me faire comprendre que vous avez fait comme ces hommes ? Vous m'avez fait une promesse sans avoir la véritable intention de la tenir ?

— Exactement. Tu sais qui je suis ?

Adam cracha par terre en guise de réponse. Il désirait cracher sur le Démon, mais il craignait une atroce souffrance en représailles.

— Je ne suis que le miroir du fond de votre âme. Je suis votre ombre. Je suis vos désirs inassouvis.

— Qu'allez-vous faire ?

— Te jeter de la montagne.

— Non !

Le Démon cligna des yeux. Adam se tordit de douleur. Il sentait comme la lame d'un rasoir lui couper la chair. Raymond attrapa les cheveux d'Adam et le força à contempler le vide.

Des pierres et des pierres. Le vide paraissait infini et, pourtant, il s'arrêtait là, en bas des roches. Adam refusait d'imaginer ses os se brisant sur ces pierres. Il sentit de nouveau le sang circuler dans ses veines. Il pouvait de nouveau bouger. Pourtant, il ne voulait pas se relever. Il savait que le Démon l'en empêcherait. La pluie continuait de tomber délicatement sur eux. Elle était douce, fine, mais froide. Adam claqua des dents. Le vent frais lui brûlait le visage.

— Ce vide représente ta vie.

Les mots du Démon étaient transportés par le vent, qui soufflait à leurs oreilles. Adam fixait le vide avec la colère de s'être fait berner. Pour la première fois de sa vie, il n'était pas parvenu à maîtriser la situation et encore moins à l'appréhender.

— Une vie faite de pierres, sans fleurs. Des pierres et des pierres. Des roches et des roches. Aucune couleur vive. Aucune fleur pour te faire sentir le parfum de la vie. Seule l'odeur de ton propre narcissisme.

— Qu'est-ce que vous attendez pour me faire tomber ?

— J'ai changé d'avis. Finalement, c'est toi qui vas sauter dans ce vide. Comme je l'ai fait il y a fort longtemps.

— Je ne sais même pas à quoi vous faites allusion !

Raymond cligna des yeux et récupéra sa forme de Démon. Il redevint ce monstre, ce cauchemar vêtu de noir. Adam éclata de rire.

— Je ne sauterai pas. Il faudra que vous me poussiez.

Le vent froid transperça les mains d'Adam.

— Qu'allez-vous faire si je ne saute pas ? Tuer ce môme ? Vous en êtes incapable. Vous êtes une merde. Je ne sais pas comment vous faites pour exister avec tous vos pouvoirs de télékinésie, mais je sais une chose, c'est que vous êtes une grosse merde. Un bel enculé. Qui est cette femme qui s'est fait baiser par les nazis ? Votre salope de femme ? Votre pute de fille ?

Un éclair de colère traversa les yeux verts du Démon. Adam sourit intérieurement. Il fouilla dans ses poches et trouva son dé.

— Ça, c'est quoi ? Pourquoi avoir inventé ce jeu ? Quel est votre but ? Venger votre salope de femme ou votre salope de fille, qui a aimé se faire enc…

Le Démon se rua sur Adam. Il attrapa une touffe de ses cheveux, tira sa tête vers l'arrière et enfonça les ongles dans sa paupière. Adam hurla en sentant les griffes pointues qui perçaient sa peau. Les ongles du Démon décollèrent son œil et le tournèrent pour mieux l'arracher. La douleur paralysa l'avocat. Le Démon tira, et l'œil se décolla, laissant un trou béant, abject. Les hurlements retentirent en écho. Adam s'écroula sur la roche. Le Démon jeta son œil et s'accroupit à son chevet.

— C'était ma fille, répondit-il calmement.

Adam, au bord de l'hystérie, sourit. Il avait toujours son dé dans la main. Le sang coulait à flots.

— Le dé… parvint-il à prononcer malgré la souffrance qui le consumait. Co… comment vous…

Le Démon posa son pied sur le torse d'Adam, qui lui cracha au visage. L'homme voulait mourir. Le Démon lui avait arraché son œil avec une force surhumaine et le tenait désormais à sa merci, un pied sur son torse. Il ne s'était jamais retrouvé dans une telle position de soumission.

— Qu'est-ce que vous al…lez faire ? Me lai…sser souf…frir le martyre ? Me laisse a…goniser là, devant un en…fant ?

Le Démon se retourna. Il vit au loin la silhouette de Léon dans l'Audi, qui s'amusait avec le dé. Le petit garçon ne se lassait pas de souffler sur le cube duquel sortaient des papillons. Le Démon pouvait les voir voler dans l'habitacle. Adam cracha du sang. La douleur le consumait. Il voulait mourir pour ne plus souffrir, mais il refusait de satisfaire les caprices du Démon. Il tenait toujours son dé dans la main. Ce dé avec lequel il avait joué sa vie. Il le serra fermement et songea à Boris, qui avait toujours le cœur sur la main. À Marc, le fidèle. À Martial, l'ami dévoué. Qui était-il, lui ?

Il avait construit son image dans le regard d'autrui. Dans les jugements de la bouche d'autrui. Il allait mourir sans manquer à personne. Aucune femme pour le pleurer, aucun enfant pour maintenir son souvenir éveillé. Il se repassa mentalement le film de sa vie. Il ne regrettait aucune parole, aucune décision, aucun choix, aucun geste, hormis celui d'avoir joué au Dé-Mon.

— Vous a…vez per…du, balbutia Adam, au bord du précipice.

Le Démon s'agenouilla à ses côtés.

— Nelson Mandela a un jour dit : « Je ne perds jamais. Soit je gagne, soit j'apprends. »

Adam rit avant qu'une quinte de toux l'interrompe. La pluie tomba sur sa plaie ouverte, lui arrachant des gémissements. Le Démon cligna des yeux. Une fumée rouge apparut derrière lui. Adam fixa son cauchemar, qui disparut en le saluant de la main. Puis il hurla. La douleur était terrible. Le sang coulait sur ses lèvres, se mélangeant à l'eau de pluie. Il fixa le ciel. *Mon portable. Je l'ai laissé dans la voiture. Léon doit appeler les secours. Il faut que je trouve une excuse à fournir à Martial. Je vais lui dire que le Démon m'avait posé un ultimatum. Tuer Martial ou perdre mon œil. J'ai kidnappé Léon dans le dessein de le protéger. Non. Martial ne me croira pas. Il a l'esprit plus affûté. Il faut que je trouve…*

Adam s'évanouit.

La pluie cognait contre le pare-brise. Perle tentait de maîtriser son véhicule dans les virages étroits. Elle accéléra puis ralentit en apercevant l'Audi d'Adam à travers les essuie-glaces, qui se battaient contre la pluie. Elle avait à peine stoppé le véhicule que Martial descendit et se précipita vers l'Audi. Assis sur les sièges arrière du véhicule, Léon jouait avec des papillons. Martial ouvrit la portière. La pluie couvrit ses mots. Il s'installa à ses côtés et referma la portière, laissant Perle dans sa propre voiture, les phares allumés sur le corps d'Adam. Le psychiatre fondit en larmes. Son fils était vivant.

— Que s'est-il passé, mon chevalier ?

Léon montra son dé à son père.

— Adam était très bizarre. Il n'arrêtait pas de me demander de le regarder. Puis un militaire est venu et m'a donné ce dé. Il m'a dit que c'est un dé porte-bonheur. Qu'avant, il appartenait à sa fille. Il m'a dit d'attendre dans la voiture. Regarde, papa, c'est un dé magique. Quand je souffle, plein de papillons en sortent.

Léon gonfla les poumons et souffla. Des papillons s'envolèrent du dé. Martial caressa la joue de son fils et l'embrassa.

— Pourquoi tu pleures ?

— Parce que papa est heureux.

Léon fronça les sourcils.

— Je croyais qu'on pleurait quand on est triste.

Martial sécha ses larmes.

— On pleure aussi quand on est heureux.

Un papillon se posa sur la main de Martial. Le père et le fils éclatèrent de rire. Perle frappa à la vitre. Martial sortit.

— C'est ton meilleur ami là-bas ? Il semble dans un piteux état.

— Tu peux veiller sur mon fils ? Je vais le voir.

La quinquagénaire monta dans l'Audi et fit la connaissance de Léon, qui lui demanda d'emblée si elle était l'amoureuse de son père. Perle rougit. Le garçon lui montra son dé magique. Elle se retrouva déconcertée face aux papillons qui en sortaient comme par magie. *C'est de la magie. Merde à la science. Pour une fois, je vais retourner en enfance et croire à la magie. Croire à la gentillesse des adultes et oublier que la société est bâtie sur le malheur d'autrui.* Perle tendit sa paume, sur laquelle de jolis papillons colorés vinrent se poser.

Martial réveilla Adam en le secouant avec son pied. Son meilleur ami se trouvait dans un piteux état. Il n'avait plus d'œil gauche. À la place, un trou rougeâtre et nauséabond. Martial secoua une seconde fois Adam, qui tenta de reprendre ses esprits.

— Martial ? J'ai mal. Les se…cours.

Martial s'accroupit.

— Que s'est-il passé ?

Du sang coulait sur les lèvres d'Adam. Il tendit la main à Martial. Celui-ci refusait de la saisir tant qu'il ne saurait pas ce qui s'était joué ici.

— Le Dé...mon. C'est lui.

La pluie cessa de tomber. De gros nuages gris envahirent le ciel, et un orage explosa.

— Quelle était ton action ?

— Tuer Léon, mais... murmura Adam qui inspira et serra les dents pour retenir un hurlement. Je ne l'ai pas fait. Alors, le Dé...mon a pris mon œil.

Martial se tourna vers l'Audi. *Léon a le dé du Démon. Celui que sa fille possédait. Il lui a donné son dé. Cet objet témoin d'une horreur sans nom. Ce dé est le dernier objet que sa fille a touché et a regardé. Le dernier objet sur lequel elle a misé la paix. Pourquoi le Démon l'a-t-il légué à Léon ? Qu'est-ce qu'il prépare ?*

— Mar...tial ?

— Oui ?

— Je vou...lais pas tuer Lé...on.

« Je ne voulais pas tuer Léon. » *Pourtant, tu l'as enlevé à sa grand-mère. Tu l'as emmené ici, exactement à l'endroit où les nazis ont violenté la fille du Démon. Pourquoi ?*

— Pourquoi l'as-tu enlevé à Gisèle et emmené ici ?

— Pour sa sécu...rité. Mon père chassait ici. Tu te sou...viens ?

Martial sut qu'Adam mentait. Le hasard n'était pas une coïncidence.

— Que t'a promis le Démon si tu jetais le corps de mon fils dans le vide ? Il t'a promis de te tuer si tu ne le faisais pas ?

Adam chercha la main de son meilleur ami et la serra. Le vent les entourait. Le sang coulait par filets sur son visage.

— Non. Si je tuais Léon, je de...venais séna...teur, mais j'ai refusé. La vie de ton fils est plus im...portante.

Martial avala sa salive et comprit. Il sut la scène qui s'était jouée et devina que le Démon, si cruel soit-il, ne tuait pas d'enfants. Que seul un humain sans âme, avide de pouvoir comme Adam en était capable. « Il était très bizarre. Il n'arrêtait pas de me demander... » *De le regarder. Car tu avais l'intention de tuer mon fils pour obtenir ce poste que tu convoites.*

Le Démon ne t'aurait même pas tué. Il suffisait de faire le bon choix. Celui d'épargner la vie d'un enfant.

Adam lut dans les pensées de Martial. Il avait pourtant préparé ses arguments en ne négligeant pas l'esprit affûté de son meilleur ami. Le médecin eut l'impression de recevoir un coup dans le ventre. Cet homme en face de lui était son meilleur ami d'enfance. Ils avaient traversé l'adolescence ensemble. Ils avaient ri ensemble. Ils avaient partagé le couvert et les secrets. Martial avait toujours souligné que son ami n'était pas méchant, seulement cynique. Il n'était pas fourbe, seulement un peu égoïste. Il n'était pas pervers, mais possessif. Il refusait de croire qu'une once de fourberie coulait dans ses veines. Il ne voulait pas regarder ce visage empoisonné par la perfidie.

Martial baissa les yeux. La main d'Adam serrait très fortement la sienne. Une main froide et violacée. Il réalisa que son meilleur ami, en qui il plaçait jusqu'alors une confiance en acier, avait eu l'intention de tuer son fils pour obtenir un siège de sénateur. Il réalisa que le véritable démon n'était pas celui qui apparaissait après la combinaison d'un jeu de dé, mais celui qui était capable de tuer un enfant de sang-froid. Le démon était celui qui se trouvait en face de lui. Il était là, le démon, sous une forme humaine. Martial serra la main d'Adam et le regarda. Son ami lui sourit. *Les monstres sont parmi nous sous une forme humaine.* Le psychiatre tourna le poignet de son ancien ami. Ses os craquèrent. Il le tourna jusqu'à entendre des craquements insoutenables. L'avocat ne hurla pas. Il avait vu dans les yeux de son meilleur ami que celui-ci avait tout compris.

— Par...don, Martial.

Martial lâcha le poignet d'Adam, se leva et le traîna par les cheveux.

— Non. Mar...tial. Non. Pas toi.

Martial lança le corps d'Adam au bord de la falaise.

Il s'accroupit et lui plongea la tête dans le vide.

— J'ai envie de te jeter du haut de cette montagne. Tu me dégoûtes. Tu es plus diabolique que ce Démon. Tuer un enfant, *mon* enfant, pour une misérable position. C'est tellement pathétique et monstrueux. Tellement inhumain et incompréhensible. Je vais te laisser agoniser au milieu de ces montagnes. Personne ne saura que tu es là, parce qu'aucun randonneur ne passe par le col de Bérad en pleine soirée hivernale. Tu vas mourir cette nuit, car tu ne vaincras pas le froid. Tu mourras seul, dans une atroce souffrance.

Martial releva Adam et l'éloigna du vide. Il l'allongea et enfonça son pouce dans le trou sanguinolent qu'avait creusé le Démon dans sa chair. Imaginer qu'Adam aurait pu lui arracher son fils le déshumanisait. Une haine féroce lui ôta la générosité, la bienveillance et l'empathie dont il était doté. Adam poussa un hurlement bestial. Martial cracha sur la plaie en pensant que, dans la vie, bien des actes méritaient d'être pardonnés, sauf ceux où le mal s'en prend à des enfants. Il se retourna et vit le Démon. Le vent dansait avec la fumée noire qui s'échappait de lui. Les nuages gris derrière lui mettaient en valeur son accoutrement ténébreux et sa musculature surnaturelle. Martial retint sa respiration. Le Démon cligna des yeux, et l'homme plongea dans cet océan verdoyant qui le tira dans les profondeurs du passé.

Raymond gravissait la montagne à pas de géant. Il faisait de grandes enjambées pour passer par-dessus les pierres, qui dormaient paisiblement sous l'aube hivernale. Le résistant récupéra sa respiration en s'appuyant à un arbre et regarda le ciel terne. Le soleil avait fui la guerre. Il reviendrait pour éclairer la paix. *Si la paix revient*, songea-t-il amèrement en reprenant sa course.

Il grimpait la pente avec un sentiment de sécurité. Les montagnes étaient vastes et géantes. Le froid attaquait ceux qui n'étaient pas suffisamment armés pour le vaincre. Mais Raymond connaissait le vallon de Vallorcine comme sa poche. Il avait l'habitude d'y randonner avec son épouse avant que la tuberculose la tire vers le haut. *Qu'est-ce qu'il y avait là-haut ?* se demandait-il parfois. Le ciel, les nuages, le soleil, la lune, mais encore ? Y avait-il des anges, qui veillaient sur lui ? Raymond refusait de croire à ces êtres. Il était athée et l'était encore plus ces temps-ci. Il côtoyait la cruauté humaine dans toute sa splendeur. Il déjeunait avec elle. Il discutait avec elle. Il lui demandait comment elle pouvait apprécier de répandre tant de mal. La cruauté lui répondait qu'il était facile de manipuler l'homme. Il suffisait de lui promettre argent et pouvoir, et il se dévêtait de sa bienveillance hypocrite pour porter le manteau de la cruauté. Un manteau tissé d'antipathie. Raymond avait marché sur le trottoir de l'horreur. Des enfants amaigris et orphelins, qui erraient dans les rues. Des cadavres étalés sur les routes. Il avait rejoint la Résistance avec fierté, déterminé à sauver la France. Il se battait pour protéger ses valeurs, sa fille et son avenir. Un avenir construit sur la paix et la promesse de veiller à ce que plus jamais une guerre mondiale n'éclate.

Raymond s'approchait du col de Bérad. Plus il montait, plus la végétation se faisait rare. Il était épuisé, mais il n'abandonna pas. Il pensait à Molly. Sa petite fille. Ses boucles brunes, qui volaient dans tous les sens, lui donnaient un caractère vif et désinvolte. Ses yeux aussi émeraude et pétillants que les siens. L'homme manqua de chuter. Il se rattrapa de justesse à une branche. Il se hissa et récupéra son souffle. L'air frais lui brûlait les poumons. Il frotta ses paumes l'une contre l'autre puis repartit. Le jour se levait quand il atteignit le col de Bérad, tout essoufflé. Le vent glacé se déchaînait, transportant avec lui une odeur anormale. Celle de l'essence. Raymond fronça les sourcils. Cette odeur n'avait pas sa place ici. Aucun véhicule ne pouvait atteindre le col. *Hormis peut-être par ce sentier très étroit, mais celui-ci est obstrué par des troncs d'arbre. Et puis personne ne connaît ce passage. Encore moins les nazis. Ce serait trop dangereux pour eux de s'aventurer dans ces environs. Le froid est sans pitié. La nuit n'offre aucune clarté. Les sentiers sont de vrais labyrinthes. Se donner l'objectif de fouiller cette montagne, ce serait avoir la foi de vaincre le Minotaure dans son labyrinthe. À moins que les nazis ne dévident un fil d'Ariane pour retrouver leur chemin.*

Il avala sa salive en découvrant la porte d'entrée ouverte. Le vent la balançait sur ses gonds, offrant le son effrayant d'une porte qui claque. Raymond ne vit pas tout de suite les volets et les planches de bois coupés à la hache. Il posa sa main contre la porte et la poussa. Son pied appuya sur le parquet. Celui-ci grinça. Le chalet était plongé dans le noir. Seule la lumière matinale provenant de la porte ouverte éclairait le corps de Molly. Le corps d'un bébé aux yeux de Raymond. Le résistant porta la main à sa bouche. Ses jambes flageolèrent à la vue de sa fille nue étalée sur le sol. Ses mains tremblèrent. Son cœur cessa de battre en découvrant l'horreur marquée sur le corps innocent. Il se laissa tomber par terre.

— Non. Non. Non ! Ma petite fille !

Raymond caressa les boucles brunes de sa fille. Il trembla en remarquant des crachats mêlés à du sperme sur son visage de porcelaine. Ses yeux descendirent sur ses seins griffés jusqu'au sang. Des hématomes couvraient son ventre. Des traces de mains rougeâtres étaient encore visibles sur ses cuisses.

— Ah ! Non ! Mon Dieu. Non ! Ah !

Il tourna la tête et vomit sur le plancher. Il déversa ses tripes et sa haine. Il s'essuya la bouche et vit, à quelques centimètres de la flaque de vomissure, des dents. Il tendit la main et ferma les yeux en imaginant les nazis frapper sa fille à la mâchoire. Des coups si violents que les dents s'étaient déchaussées. Raymond pleura en silence. Il vida toutes les larmes de son corps en regardant celui de sa fille, qui avait subi toutes les horreurs imaginables.

Il se releva et se précipita dans la chambre. La hache était posée sur le sol. Le résistant regarda l'outil avec une haine féroce. Il récupéra la couverture et la posa sur le corps gelé de Molly. Son estomac se noua. Il sentit un fer rouge lui brûler la poitrine. Il frappa le sol et hurla à s'en arracher les cordes vocales. Il attrapa la main de sa fille et vit le dé qu'elle avait tenu. Raymond attrapa l'objet.

— Un dé qui était censé te protéger. Je suis désolée, mon amour. Je vais te venger. Ce crime ne restera pas impuni. L'humanité entière paiera à l'Éternel la souffrance qu'on t'a infligée, chuchota l'homme en portant le corps glacé de sa fille contre lui et en le berçant.

Les larmes coulaient sur le visage de Molly. Les larmes paternelles se mêlèrent au sperme et aux crachats. Raymond caressa les lèvres de Molly et vit ses gencives ensanglantées. Il suffoqua. Il ne réalisait pas. Il ne pouvait pas admettre que sa fille avait subi l'indicible. *Je te demande pardon. Je ne sais pas comment ils ont fait pour monter jusqu'ici. Je ne sais pas. Je suis désolé. Je te pensais en sécurité ici.* Le père éploré éclata en sanglots. Avec un morceau de couverture, il nettoya le visage de Molly. Elle paraissait déjà plus belle, comme endormie. Ses paupières violacées ne s'ouvrirent malheureusement pas. Il caressa l'une de ses boucles, qui ne voleraient plus jamais dans le vent. Il caressa ses lèvres, qui ne riraient plus jamais. Il caressa ses mains gelées, qui ne lanceraient plus son dé.

Raymond leva la tête. Ses yeux s'écarquillèrent en voyant une croix gammée peinte en rouge sur le mur. Il serra plus fort sa fille contre lui et lui déposa un long baiser sur le crâne. Il était mort, lui aussi. Il était mort à la seconde même où il avait vu le corps inerte de son bébé, sa fille, Molly. Il la reposa délicatement sur le sol et la couvrit de la couverture. Puis il quitta le chalet et se dirigea vers le bord de la montagne.

Le jour s'était levé. Le temps était ombrageux. Un silence lugubre flottait dans l'air frais. Raymond baissa la tête et contempla le vide. Ce vide immense et sombre comme le trou qui s'était ouvert dans sa poitrine. Il serra le dé dans sa paume. Il vit Molly piégée sous le corps d'un nazi. Il la culbutait en riant. Elle fermait les yeux et pleurait en suppliant que Dieu lui vienne en aide. Le bourreau plantait ses ongles dans sa poitrine et lui arrachait la chair avec une joie infinie. Un autre tirait Molly par les cheveux. Il crachait sur son visage et lui envoyait une rafale de coups de poing. Tellement puissante que les dents se détachèrent des gencives. Molly était assommée. L'un des nazis la giflait pour la réveiller. Il ouvrait sa braguette et forçait la jeune Juive à ouvrir la bouche. Molly faisait non de la tête. Le nazi la couchait sur le ventre et lui écartait les cuisses. Molly hurlait. Un nazi profitait de ce moment pour lui enfoncer sa queue profondément dans la gorge avant de la retirer et de lui cracher sa semence au visage.

Une haine innée s'empara de l'âme de Raymond. La colère lui ôta toute bonté. L'humanité entière paierait les horreurs que sa fille avait subies. Si Molly n'avait pas eu le droit de savourer la paix, les prochaines générations n'auraient pas le droit de la savourer non plus. Le résistant hurla en même temps que les larmes coulèrent sur ses joues. Il était enragé. Il était fou de haine. Il était ivre de vengeance. Ses iris verts s'illuminèrent lorsqu'il formula un souhait avant de sauter dans le vide. Il ne cria pas. Il laissa le vent l'accompagner dans les ténèbres. Son corps se fracassa contre une pierre. Le dé coincé dans sa paume.

Une fumée noire naquit. Le défunt n'entra pas dans la lumière blanche et douce qui lui ouvrait les bras. Il entra dans une lumière noire et diabolique. Raymond devint le Démon.

Martial revint à lui. Il se sentait étourdi. Les jambes en coton. Les bras en caoutchouc. Le cerveau encore endormi. Il se frotta les paupières. Ce voyage dans le temps lui avait retourné l'estomac. Cette jeune femme qu'il avait vue étalée nue contre le bois. Sa peau cadavérique et violacée. Sa poitrine mutilée. Ses cuisses marquées. La peur qui l'avait enveloppée. La croix gammée peinte en rouge sur le mur. La hache posée sur le plancher. Raymond qui sautait dans le vide en priant pour que son jeu devienne la pire des légendes.

— Parce qu'elle était juive, ils l'ont condamnée à une violence sans nom. Parce que, dans leur esprit tordu, être juif constituait un crime. Cette question me hantera toujours : comment le peuple a-t-il pu croire Hitler ?

— La paranoïa collective, conclut Martial.

— Pensez-vous que l'homme ait évolué ?

La voix rude, dans laquelle flottait une pointe de défi, glaça le sang du psychiatre, qui regardait Adam agoniser sur la roche.

— Bien sûr, répondit-il sans réfléchir.

Le Démon rit, laissant entrevoir ses dents acérées à travers le tissu.

— Bien sûr que non. La cruauté court toujours les rues, à la différence qu'elle se cache. Vous devriez être bien placé pour le savoir, vu votre métier.

Martial haussa les épaules. Le Démon n'avait pas tort. Dans son métier, il en avait vu, des gens malades mentalement et psychologiquement. Pourtant, il n'avait jamais perdu foi en l'humanité. Le Démon se déplaça autour d'Adam, qui se mordait les lèvres. Il poursuivit d'un ton ténébreux, qui s'accordait au temps maussade :

— L'homme n'a pas changé. J'en ai vu, des joueurs prêts à tout pour survivre, mais surtout pour obtenir le pouvoir et l'argent au détriment de gens innocents. En voilà un exemple.

Le Démon balança un coup de pied dans l'estomac d'Adam, qui se plia de douleur.

— L'argent, l'amour et le pouvoir ne font que révéler la véritable nature de l'homme. Une nature fourbe. Au fil de mon existence, j'ai vu la société changer et évoluer, mais jamais s'engager sur le chemin de la bienveillance. J'ai vu l'homme détruire ces montagnes pour satisfaire ses caprices. J'ai vu l'homme tuer des animaux avec fierté. J'ai vu des enfants se tailler les veines, car le harcèlement scolaire était devenu une plaie ouverte. J'ai vu des employés avaler des cachets à cause des mots tyranniques de leur patron. J'ai vu des femmes, des hommes et des enfants se faire violer sans que la justice s'apitoie sur leur sort. J'ai vu le peuple manifester dans les rues pour prévenir du réchauffement climatique, mais aucune manifestation n'a eu lieu pour sauver les enfants victimes de la famine dans les pays voisins. L'homme est égoïste. Il ne voit que son reflet dans le miroir. Il ne voit pas que la Terre est immense et que la paix ne gouverne pas encore toute la planète. Cessons de juger la maladresse d'autrui, et jugeons le mal pur sans pitié.

Le Démon se positionna au bord du vide comme il l'avait fait des dizaines d'années auparavant. Martial s'approcha de lui et plongea son regard dans le néant.

— Vous avez fait tout cela pour offrir une prise de conscience à l'homme en assouvissant par la même occasion votre haine ?

Le Démon regarda Martial. Ses yeux verts pétillaient.

— Non. J'ai perdu foi en l'humanité à la seconde même où j'ai vu le corps de ma fille. Je voulais venger Molly. Être cruel me procurait un sentiment de domination suprême et outrageante. Je me nourrissais de la peur des joueurs. Je jubilais de me retrouver devant leur visage terrifié.

— Parmi ces joueurs, certains étaient et sont innocents ?

— Ma fille aussi était innocente. Elle n'a pas eu la chance de côtoyer cette société où la paix est revenue. Je ne supporte pas que d'autres puissent en profiter à sa place. Je ne supporte pas de voir ces gens qui vivent sans penser une seule seconde que leur confort de vie, ils le doivent à nous, les hommes et les femmes qui se sont battus pour que notre descendance puisse vivre en paix. J'en veux à l'humanité tout entière. Je suis jaloux de la voir rire et danser alors que ma fille rêvait de vivre dans une société où elle pourrait rire et danser librement. Ma fille n'a pas connu la paix, les autres ne la connaîtront pas non plus.

Martial inspira. Le Démon lui paraissait plus humain, malgré les actes barbares qu'il avait commis. Cet être surnaturel était en réalité un père, qui avait découvert sa fille violée. Une jeune femme que les nazis avaient laissée mourir à petit feu avec la même lenteur que le jour qui se levait. Martial ressentait la même haine envers Adam. Il se retourna. Léon s'amusait avec Perle. Il pouvait apercevoir leurs ombres qui bougeaient à travers le pare-brise constellé de gouttes de pluie. Il se concentra de nouveau sur les paroles du Démon.

— Pour quelle raison avez-vous sauvé la vie de mon fils ?

— J'ai une règle. Épargner les femmes enceintes et les enfants.

— Pourtant, vous avez tué une jeune fille de seize ans.

Martial jeta un coup d'œil en direction de la voiture et vit Perle rire avec son fils.

— La sœur jumelle de cette femme. Vous l'avez noyée dans une eau glacée. Ce n'était qu'une enfant.

Le Démon huma l'air frais en se redressant.

— À seize ans, on n'est plus un enfant, mais un adulte immature, candide et parfois doté d'un machiavélisme juvénile qui deviendra abject dès lors que l'esprit aura acquis son dernier stade de maturité. Je n'ai jamais éprouvé la moindre pitié envers les adolescents. Ils sont effrontés, insolents et égocentristes.

— Aucun joueur ne vous a attendri ?

— Aucun.

— Comment avez-vous pu devenir le Démon ?

— J'ai prié aussi fort que j'ai pu. Et ma prière a été exaucée.

— Je compatis à votre haine née d'une tristesse infinie, mais vous ne pouvez plus continuer à répandre la souffrance et la mort comme vous le faites.

Martial avala sa salive avant de prononcer le prénom de sa fille :

— Molly n'aurait pas aimé voir son père devenir le Démon. Vous avez pensé à elle, à ce qu'elle penserait de vous si elle vous voyait ?

— Jamais. La haine est un sentiment qui accapare vos pensées. Vous n'êtes plus vous-même. Molly est morte dans une atroce souffrance. Cette pensée maintient ma haine en vie. Savoir que ma fille a été martyrisée me rend scélérat. Je n'ai jamais connu de moment de faiblesse et, quand bien même j'en aurais connu, le visage de ma fille couvert par leur sperme et leurs crachats m'aurait remis sur les rails de la cruauté. Je n'oublierai jamais cette vision d'horreur. Ma petite fille étalée nue sur le sol froid. Ses cuisses qui portaient encore les traces de leurs mains. Son ventre couvert d'hématomes. Vous imaginez la terreur qui l'a enveloppée quand elle a su que ses derniers instants seraient une véritable torture ? Elle s'est retrouvée nue entre leurs mains.

Martial fit face au Démon.

— L'horreur vécue par votre fille ne doit pas être un prétexte pour répandre cette haine qui vous consume de l'intérieur. Vous avez tué des innocents. Vous les avez forcés à commettre des actes barbares qui les traumatiseront à vie. Vous êtes devenu comme ces nazis. Aussi monstrueux qu'eux. Votre fille n'a pas été la seule. Des millions d'autres Juifs ont subi le même sort qu'elle. Des enfants juifs sont morts de la main de Klaus Barbie. Vous l'avez constaté, le mal continue de sévir, mais le bien est encore là, il lui manque seulement une dose de courage pour affronter le mal droit dans les yeux. Ce que vous faites ne ramènera pas Molly. Elle est morte. Elle est en paix désormais. Elle est en sécurité. Il faut que vous trouviez la paix, vous aussi. Vous avez eu votre vengeance.

Une fumée noire s'enroula autour du Démon. Il se redressa. Ses yeux verdoyants fixaient l'horizon tandis qu'il méditait les paroles de Martial. Est-ce qu'une place auprès de sa fille l'attendait ?

— Vous êtes un homme noble. Vous vous seriez bien entendu avec Jean Moulin. C'est peut-être pour cette raison qu'un lien imperceptible nous lie. Vous avez le cœur et l'âme purs. Vous êtes dévoué, brave et humaniste. Mais est-ce vraiment une qualité ? N'est-ce pas un défaut d'être altruiste dans une société qui méprise la sensibilité et l'ouverture d'esprit ?

Martial ne releva pas le compliment. Il connaissait Jean Moulin. Un résistant français que Klaus Barbie avait torturé pour obtenir des informations sur la Résistance. Cet homme brave était resté muet. Il avait succombé à ses blessures sur la route qui l'emmenait se faire fusiller.

— Pourriez-vous rompre la malédiction ? Je n'ai pas envie que mon fils grandisse seul. Sa mère…

— Je sais, coupa le Démon. Je connais votre vie à chacun. Je connais votre vie dans les moindres détails, et j'ignore moi-même comment je peux posséder cette faculté de lire dans vos âmes.

Martial inspira. Les prochains mots qu'il s'apprêtait à prononcer allaient lui écorcher la bouche.

— Savez-vous si Lara a compris que…

Le Démon resta muet quelques instants. Un silence lourd s'abattit sur les deux hommes.

— Mourir ne lui a pas effleuré l'esprit. Seul le visage de votre fils s'est figé dans ses pensées. Elle est morte avec le sourire de votre enfant dans la tête.

Une larme roula sur la joue de Martial, qui regrettait de s'être autant consacré à ses patients en pensant naïvement que ces instants perdus avec Lara seraient rattrapés plus tard. Le « plus tard » n'était jamais arrivé. Il avait été suspendu avant de disparaître définitivement de la surface de la Terre.

Le Démon ouvrit la paume, et une flamme verte naquit.

— J'accepte de brûler votre dé et de rompre définitivement la malédiction du Dé-Mon à une seule et unique condition.

— Je vous écoute.

— J'ai légué le dé de ma fille à votre fils. Je veux que vous l'enterriez et que vous plantiez dessus une plante robuste. Celle qui vous paraîtra la plus belle. Celle qui saura supporter les rudes hivers et la sécheresse. Une plante forte, mais délicate. Je veux que vous me le promettiez. Je n'ai pas enterré ma fille. Enterrer ce dé, ce sera l'enterrer elle.

Martial posa son dé dans les flammes verdâtres.

— Je vous le promets.

Le Démon s'approcha du bord de la falaise et chuta sans jeter un dernier regard au psychiatre. Il se transforma en une fumée verte, qui remonta et entoura Martial. L'homme poussa un long soupir de soulagement et regarda le ciel en pensant à cette jeune fille, Molly, qui pourrait désormais se blottir dans les bras de son père pour l'éternité. Le Démon, qui était autrefois Raymond, allait enfin retrouver sa petite fille. Martial se retourna et vit Adam au bord du gouffre. De la transpiration perlait sur ses tempes. Il avait le teint blanc et les lèvres violacées, ainsi qu'une main posée sur le trou immonde que le Démon avait creusé dans sa chair.

— Mar…tial ? Aide-moi.

Martial s'accroupit et caressa les cheveux de son ami en lui souriant. Adam sourit. Ses dents étaient peintes de sang. Martial commença d'une voix stoïque :

— Adieu, Adam. Ce ne sont pas mes mains qui te tueront, mais celles du froid, plus impitoyables que les miennes. Tu étais comme un frère dont j'attendrissais les défauts auprès des autres. Cette nuit, c'est l'ami d'enfance que je vais pleurer. L'ami avec lequel je construisais des cabanes en bois. L'ami avec lequel j'éclatais de rire. L'ami qui a porté dans ses bras mon fils quand il est né. Par respect envers nos années où nous étions des enfants, je m'abstiens de te tordre le cou.

— Mar…

Martial se releva et s'en alla vers la voiture sans plus accorder la moindre attention à son ami, qui suffoqua. *Il a voulu arracher la vie à mon fils. Celui qui me fait rire. Celui qui se blottit contre moi en me donnant l'illusion que je suis immortel. Celui qui me rappelle ma défunte épouse. Celui qui l'appelait « tonton Adam » sans soupçonner que ce même tonton Adam serait capable de le tuer. Je comprends plus que jamais la haine du Démon. Il n'y a pas plus dangereux que des parents.* Le médecin ouvrit la portière. Perle l'interrogea du regard. Les yeux larmoyants, il lui dévoila que tout était fini. Le soulagement se dessina sur le visage de la quinquagénaire, qui comprit que son père était enfin libéré après des décennies de terreur.

— Il est magnifique ce papillon.

Martial et Perle regardèrent Léon, toujours émerveillé devant les créatures féeriques. La même pensée les frappa tous les deux. *Ce bout de chou ignore toutes les atrocités qui ont été commises autour de lui. Il a vu le Démon et lui a ouvert son cœur sans la moindre méfiance tandis que le Démon, lui, l'a épargné, faisant preuve sans s'en rendre compte d'une once d'humanité et reprenant un court instant son rôle paternel. Dévoilant en une fraction de seconde le fond de sa pensée : il aurait aimé que sa petite Molly soit épargnée comme il a épargné le petit Léon.*

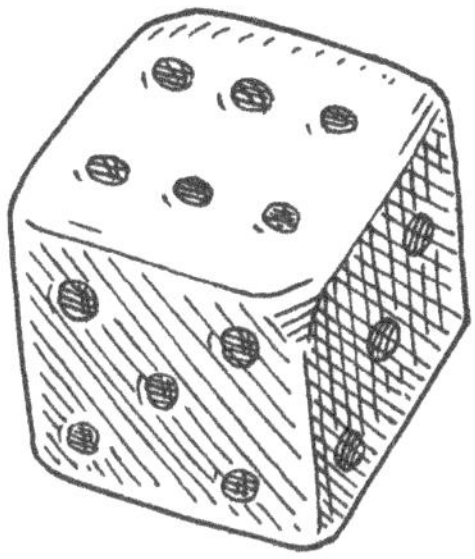

CHAPITRE 20
RENAÎTRE

« Le passé ne peut renaître. »
Alain Fournier

Quinze ans plus tard…

Léon quitta la boulangerie-pâtisserie dans laquelle il travaillait en tant que pâtissier. Il avait suivi les traces de sa mère avec les encouragements de son père et de Perle, qui était devenue sa belle-mère. La fille de Charles Delmore était une femme charmante, qui l'avait toujours considéré dans ses projets de vie de couple. Elle n'avait pas cherché à remplacer sa mère ni à devenir cette belle-mère égoïste et effrontée qui ne tolérait pas les enfants de son conjoint. Perle avait accepté Léon. Elle n'avait pas d'enfants, et c'était le plus grand regret de sa vie. De temps en temps, Léon lui sous-entendait qu'il la considérait comme sa deuxième maman, mais il voyait que Perle aurait aimé connaître ces sensations qu'une femme ressent lorsqu'elle donne la vie. Il lui avait demandé un jour pour quelle raison elle n'avait pas eu d'enfants. La désormais sexagénaire s'était retenue de lui révéler la vérité : elle avait couru après l'origine du Dé-Mon une bonne partie de son existence, en oubliant de profiter de sa propre vie. Elle avait prétexté ne pas avoir rencontré l'homme idéal.

Léon entra dans la maison et vit son père arroser le végétal planté dans un pot au fond duquel se trouvait le dé que le militaire lui avait offert quinze ans plus tôt. Léon n'avait jamais su qui était cet homme qui lui avait donné ce petit cube duquel sortaient des papillons. Ni pour quelle raison son père avait voulu l'enterrer. À certains moments, Léon surprenait ce dernier avec le regard éteint devant cette plante, qui offrait chaque été de jolies fleurs multicolores. Il restait là à la contempler, le visage voilé par de l'amertume. Léon l'avait interrogé maintes fois à ce sujet. Mais Martial répondait toujours que cette plante représentait l'espérance. Léon faisait alors une moue. Il ne saisissait pas le véritable sens de l'allégorie.

— Tu es déjà rentré ?

— Oui. J'ai pris le bus. Arielle et Victor passent dans moins de trente minutes.

— Super !

Léon monta dans sa chambre se changer.

Martial rangea l'arrosoir et rejoignit Perle. Celle-ci composait un bouquet floral dans le jardin, entourée de ses lapins, qui ne la lâchaient pas d'une semelle.

— Magnifique.

Perle sourit.

— C'est la commande de Jasmine. Elle veut que les plantes lui fassent oublier l'adultère de Marc. Nous nous voyons demain pour prendre un thé. Je sens qu'elle a besoin de se confier sur les dernières années qu'elle a endurées.

Martial caressa les pétales jaunes. Jasmine avait eu des doutes sur la fidélité de Marc. Elle avait fouillé dans son portable, qui s'était révélé être une véritable caverne d'Ali Baba. Elle avait trouvé des trésors. Des échanges entre une certaine Séphora et lui. Jasmine avait très vite découvert que leurs entrevues n'étaient pas centrées sur la passion amoureuse, mais sur la bestialité sexuelle. Leur relation interdite perdurait depuis quinze ans. Elle avait effectué des recherches et avait déniché l'identité de cette Séphora. Il s'agissait d'une prostituée.

Jasmine refusait de divorcer, par égard pour les enfants. Elle avait confié à Perle : « Les enfants ne doivent pas payer les pots cassés de leurs parents. Marc et moi vivons sous le même toit, mais l'amour ne vit plus avec nous. » Marc était tombé en dépression en réalisant que Jasmine ne le regarderait plus jamais de la même façon. Il consultait Martial en tant que praticien. Le psychiatre lui avait prescrit des médicaments. Ceux-ci paraissaient faire effet. Si Marc n'avait pas réussi à garder son secret, Martial et Jasmine, eux, étaient parvenus à préserver le leur, celui d'avoir été interrogés par des enquêteurs de police sur la mort barbare de Colin Harpeur. Martial se souvenait fréquemment de ce matin où deux enquêteurs s'étaient présentés pour l'interroger. La police ne les avait jamais recontactés.

Martial contempla sa bien-aimée, qui s'investissait dans sa tâche pour offrir de la tendresse à Jasmine. Perle et elle s'entendaient à merveille. Il avait craint de la lui présenter. Cette histoire avec le Démon les avait rapprochés.

— Jasmine, j'ai besoin de ton approbation. Je ne veux pas que tu croies que j'oublie Lara…

Jasmine avait levé la main.

— Tu as le droit de redécouvrir le bonheur. Vis ton présent sans te poser de questions, mais n'oublie pas ton passé. C'est lui qui t'a construit et qui t'offre ces instants présents.

Leur rencontre avec le Démon leur avait fait prendre conscience à tous qu'ils avaient une chance inouïe de vivre dans la société au sein de laquelle ils évoluaient. Ils étaient plus à l'écoute des autres. Ils profitaient des moments simples, mais précieux de la vie.

Arielle et Victor débarquèrent dans le jardin pour embrasser Martial et Perle.

— Vous êtes déjà là ? remarqua Martial, qui regarda sa montre, étonné de constater que l'heure du dîner était déjà arrivée.

— Oui ! Nous avons commandé des pizzas, informa Victor. Vous restez dîner avec nous ?

Perle fit non du doigt.

— Nous dînons au restaurant ce soir. Entre amoureux.

Elle retira ses gants et fit signe à Martial qu'il était l'heure de partir. Martial souhaita une bonne soirée à ses neveux et à son fils, puis quitta la maison avec Perle, qui avait échangé sa tenue de jardinière contre une robe longue d'été.

Léon ouvrit un soda et s'installa sur le canapé.

— Alors comme ça, tu veux devenir fleuriste ?

Arielle haussa les épaules. Elle était en septième année de droit, mais les études ne lui plaisaient plus. Elle ne parvenait pas à s'épanouir. Perle lui avait donné le goût de la nature. Un champ bucolique dans lequel elle se retrouvait. Quant à Victor, il avait décroché un poste de directeur commercial dans l'entreprise multinationale de son père.

— Je quitte l'université et entreprends un CAP fleuriste l'année prochaine. Perle m'a fait signer un contrat d'apprentissage. J'ai hâte de commencer.

Léon leva sa canette.

— Alors, trinquons à ta nouvelle vie. Le principal est que tu sois épanouie.

Arielle posa son verre et sortit un dé.

— Aujourd'hui, à la fac, des étudiants jouaient à lancer un dé. Je leur ai demandé quel était leur jeu. Il s'agit du jeu Dé-Mon. La règle est simple. Parvenir à effectuer huit fois d'affilée le chiffre trois.

— Et ensuite ? questionna Victor. Le Père Noël se manifeste ? Ils n'ont vraiment que cela à faire dans ton université ? Jouer à un jeu inutile ?

Arielle balaya de la main les remarques de son aîné.

— La légende raconte qu'un Démon se manifeste pour nous infliger des actions sordides à effectuer. Si on essayait ?

Léon haussa les épaules.

— Pour patienter avant l'arrivée des pizzas, OK. Bonne idée.

Victor soupira, mais accepta pour faire plaisir à sa cadette.

Arielle lança le dé, qui roula et présenta deux points noirs. Ce fut au tour de Victor. Il saisit le cube et le jeta à la va-vite. Le cube afficha trois points noirs. Il relança. De nouveau le chiffre trois. Léon applaudit. Victor lança son dé sept fois d'affilée. Il tomba sept fois sur le chiffre trois.

— Dernier lancer ! informa Arielle, qui guettait l'heure.

Elle attendait l'arrivée des pizzas avec impatience.

Victor leva les yeux au ciel et jeta le dé rapidement en entendant son smartphone vibrer dans sa poche. Le dé pivota et s'arrêta sur trois petits points noirs.

— Voilà ! Madame est contente ?

Arielle échangea des rires de connivence avec Léon.

Victor taquina sa sœur en pianotant sur son téléphone.

— Oh, oh, oh ! Je suis le Père Noël !

Une fumée rouge surgit du dessous des canapés.

Leur visage se crispa. Victor se ressaisit.

— Bien joué, Léon. Arielle est complice ?

— Non ! objectèrent Arielle et Léon en chœur.

L'émanation se déploya jusqu'au plafond. Le téléphone de Victor grilla dans sa main. Le jeune homme lâcha le smartphone, duquel une fumée noire s'échappa. Une porte claqua, puis une deuxième. Arielle se plaça à côté de son aîné. Une imposante fumée noire apparut et tourna sur elle-même en disparaissant lentement, laissant entrevoir la musculature d'un homme. Adam leva la tête. Son visage était couvert de cendres. Son orbite était refermée par une cicatrice rougeâtre. L'œil qui lui restait était une émeraude brillante et hypnotisante. Ses cheveux blonds étaient devenus argentés. Son corps était dissimulé par une épaisse combinaison de latex noir. Il traînait à la cheville une longue chaîne en acier sur laquelle pendaient des dés, qui s'entrechoquaient à chacun de ses déplacements.

Victor, Arielle et Léon ne reconnurent pas Adam. La version de leurs parents était qu'Adam avait mis fin à ses jours. Adam, lui, les reconnut. Il sourit. Un sourire qui s'étendit jusqu'à ses oreilles pointues, sur lesquelles étaient accrochées des boucles d'oreilles en forme de dé. Son regard s'attarda sur Léon. La cause de sa mort. Il serait sans pitié avec lui. Il ouvrit sa paume, et trois dés apparurent. Il commença d'une voix endiablée :

— Un jour, mon prédécesseur m'a cité Nelson Mandela : « Je ne perds jamais. Soit je gagne, soit j'apprends. » Je connais une autre citation d'un grand homme : « Vis comme si tu devais mourir demain. Apprends comme si tu devais vivre toujours. »

Note de l'autrice

Mes hommages à tous les héros et à toutes les victimes de la Seconde Guerre mondiale, toutes nationalités, origines et religions confondues.

À mes enfants. L'amour indestructible que j'éprouve à leur égard m'a permis de nourrir l'amour inconditionnel que le Démon éprouve envers sa fille.

Je remercie chaleureusement Patrick Boman, le chirurgien de Dé-Mon. Patrick a soigné chaque mot de mon récit pour leur conférer la vivacité de vous transmettre les émotions que vous avez éprouvées.

Je remercie la maison d'édition pour sa confiance, ses remarques pertinentes et son accompagnement.

Enfin, je vous remercie, cher lecteur, d'avoir fait la connaissance de Raymond. Raymond qui, avant d'être un homme, un instituteur, un résistant et le Démon, était un papa.

Prenez soin de vous, puis prenez soin des autres.

Amitiés, Negan

Vous avez aimé jouer au jeu Dé-Mon ?
Cher lecteur, chère lectrice, n'hésitez surtout pas à nous faire parvenir votre avis sur

DÉ-MON

Poursuivez l'aventure sur :

Instagram : Editions le Héron d'Argent
TikTok : @editionsleherondargent
Facebook : Éditions Le Héron d'Argent
le site : www.editions-leherondargent.com
le mail : contact@editions-leherondargent.com

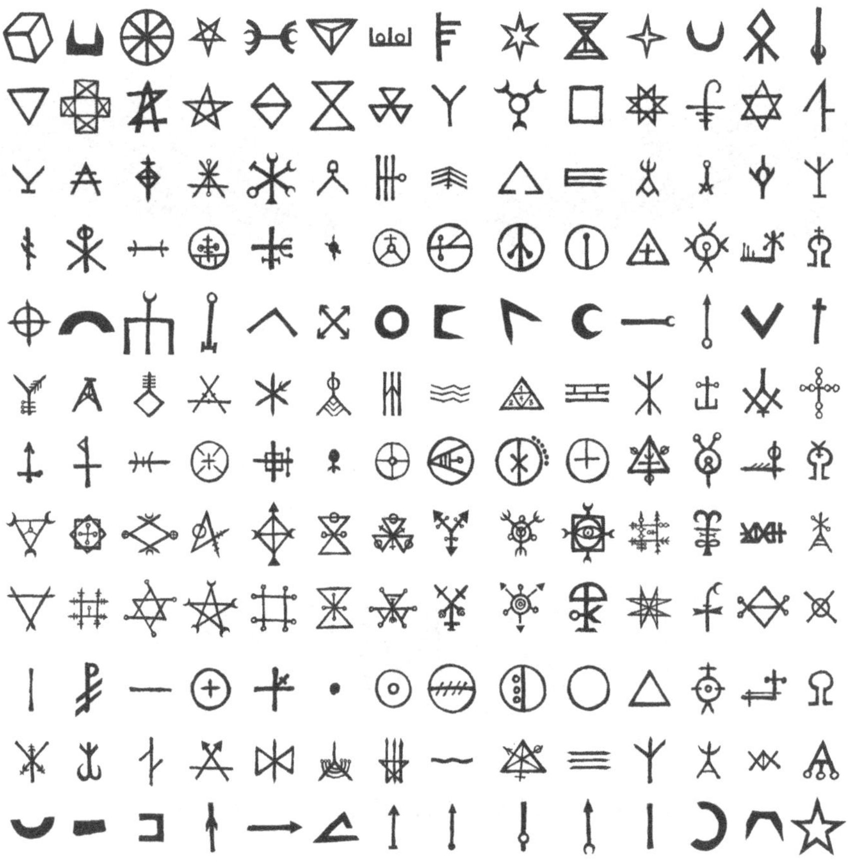

Rejoignez-nous et découvrez
nos autres trésors !

Site Internet

Instagram

TikTok

Facebook

LES PLAINES DU VENT

Roman Collector format Royal avec jaspage à motifs sur la tranche, pages de garde couleur et dorure Or

Lucille Chaponnay

Dans les Plaines du Vent, un vaste territoire de magie et de sable, les Chasseurs traquent les Aefas, de puissants chevaux élémentaires indispensables à la survie des Cités-États.

Vania est sur le point de rejoindre les rangs de cet ordre militaire prestigieux. Pourtant, il s'agit moins de son choix que celui de sa meilleure amie Carmène, dont elle est inséparable.

Cependant, devenir chasseuse exige de lourds sacrifices. Entre la cruelle cérémonie de l'Ultime Pas et la dangereuse traque d'animaux mythiques à travers les dunes, Vania doit renoncer à son identité.

Désormais, son existence entière est au service des élites de Cascada, son dôme d'enfance.

Ceux-ci cachent pourtant de bien sombres secrets…

ISBN : 978-2-38618-015-6

LE DERNIER CHANT D'UNE SIRÈNE

Roman Collector format Royal avec jaspage à motifs sur la tranche, pages de garde couleur et dorure Or

Stéphanie Skrobala

Il était une fois, une puissante sorcière des mers qui offrit des jambes à la petite sirène, en échange de sa voix. Mais celle-ci, amoureuse, refusa par la suite d'obéir aux ordres de la magicienne. Elle préféra se changer en écume, plutôt que de tuer son prince adoré. Déchaînant, par son sacrifice, la fureur de son propre père, le Roi des Océans…

Valentina n'a pas le choix : Enki est ivre de rage. Elle doit fuir, loin de la mer. Devenir elle-même l'une de ces créatures à deux pattes qu'elle méprise tant. Désormais prisonnière de sa nouvelle forme dans un monde qu'elle déteste, la sorcière rumine sa vengeance.

Tiens… et si elle commençait par cet abruti de prince ?

ISBN : 978-2-38618-016-3

LES ÂMES PIRATES

Roman Collector format Royal avec jaspage à motifs sur la tranche, pages de garde couleur et dorure Or

J.K-Gras

Septembre 1750.

Dès mon arrivée dans le Nouveau Monde, j'ai été enlevée par une bande de pirates.

Je suis Florence de l'Aigle, fille du marquis des Acres. Si vous trouvez ce message, s'il vous plaît, prévenez Monsieur Conor Mcpherson, à Charleston.

J'ai peur. J'ai mal.

J'ignore pourquoi ils s'en sont pris à moi. Ils ne réclament aucune rançon. Nous faisons voile vers Tortuga. Par pitié, venez à mon secours !

Comment Florence de l'Aigle a-t-elle pu se retrouver à bord d'un infâme brick infesté de forbans ? Qui a commandité son enlèvement ? Survivra-t-elle à ces pirates sanguinaires ?

Désormais prisonnière de flibustiers fort peu recommandables, elle vivra une épopée qui révèlera en elle une force peu commune. Une soif de vivre, que plus rien ne saurait étancher.

Cap vers la liberté !

ISBN : 978-2-38618-058-3

MAKARA ET LE LION DE PIERRE

Roman Collector format Royal avec jaspage à motifs sur la tranche, pages de garde couleur et dorure Or

J.Robin

La nuit où son monde s'effondra, Makara n'était qu'une enfant. Derrière le passage de l'Armée de l'impitoyable reine Sikirit n'ont demeuré que cendres et dévastation.

Des années plus tard, le destin sourit à la survivante : elle invoque par mégarde le lion de pierre, un artefact millénaire porteur d'un pouvoir immense. Makara y voit alors une chance inespérée de venger la mort de sa famille et le massacre de son peuple. Mais sur sa route se trouve le prince Aran, fils renié de la souveraine. Envoyé par celle-ci pour retrouver l'animal légendaire, le jeune homme est prêt à tout pour regagner son honneur perdu. Quitte à pactiser avec l'ennemi...

Quel prix seront-ils prêts à payer, pour obtenir ce qu'ils désirent le plus ?

ISBN : 978-2-38618-055-2

COLLECTION COLLECTORS

LE SORTILÈGE DE LA LUNE NOIRE

Roman Collector format Royal avec jaspage à motifs sur la tranche, pages de garde couleur et dorure Or

J.K-Gras, Mélodie Smacs, Laure Enza, Sarah Calman, Coline Dumas

Cinq femmes. Cinq sorcières.

Alors que l'équilibre magique est menacé par un cataclysme imminent, elles devront faire face au chaos.

Cinq jours pour reconstruire ce que l'une d'entre elles, par amour, a détruit.

Cinq destins flamboyants s'entremêlent en un sabbat mortel.

Surplombant les ténèbres de cette longue nuit, la lune se lève…

ISBN : 978-2-38618-051-4

LES OMBRES DE L'AVERSE

Roman Collector format Royal avec jaspage à motifs sur la tranche, pages de garde couleur et dorure Or

Patrick Eris & Frédéric Livyns

Bienvenue à Ézéchiel, la ville où l'on tue des enfants.

Sous une pluie incessante, un meurtrier spectral se déchaîne sur les berceaux d'une paisible bourgade du Nord de la France.

Contre lui, se dressent le commissaire Gabriel Letort, ainsi que l'As de la crim' Dimitri Polzer. Mais le super-flic cache, lui aussi, de lourds secrets…

Et si tout avait commencé il y a des siècles, lorsque le bûcher flamboyant de la dernière sorcière crépitait sous les applaudissements du bon peuple d'Ézéchiel ?

ISBN : 979-10-94173-39-8

CONFESSIONS D'UN EXORCISTE

Roman Collector format Royal avec jaspage à motifs sur la tranche,
pages de garde couleur et dorure Argent

Geoffrey Claustriaux

« Je suis pourtant certain d'une chose : aucune des personnes que j'ai rencontrées ne mentait. »

En marge de l'Église, un exorciste atypique dévoile à l'auteur Geoffrey Claustriaux des récits terrifiants de lutte contre les forces démoniaques.

Dans cet entretien exceptionnel, découvrez les secrets et les tourments d'un homme qui agit au croisement entre la lumière et les ténèbres. Avec une franchise déconcertante, Jean-Pierre Grangier offre une perspective unique sur un univers mystique et dangereux. Un témoignage saisissant, où le bien et le mal s'affrontent dans une bataille épique pour l'âme humaine.

Plongez au cœur même du paranormal…

ISBN : 978-2-38618-007-1

LES NOUVEAUX DIEUX

Roman Collector format Royal avec jaspage à motifs sur la tranche, pages de garde couleur et dorure Or

J.Robin

On les nomme Karma, Mirage, Vie, Mort et Mental

Ensemble, ils forment la Quintessence.

Cinq frères et sœurs aux pouvoirs exceptionnels.

Cinq divinités redoutables qui, autrefois, dévastaient le monde.

Oui, mais voilà : depuis leur toute dernière réincarnation, les Cinq n'ont pas le moindre souvenir de leur passé.

Désormais adolescents, ils subissent de plein fouet la traque de la Cellule Noire, une organisation secrète pluricentenaire vouée à leur extermination.

Un jour, le refuge de leur enfance est attaqué…

ISBN : 978-2-38618-014-9

MOI, MAGICIEN, SERIAL KILLER ET AMOUREUX

Roman grand format

Julys Thild

Durant mon existence, j'ai tué des centaines de personnes. J'ai commis d'innombrables sévices dont vous n'avez point idée. Et j'ai adoré ça.

Je suis Adam, l'un des plus grands illusionnistes au monde. L'un des tricheurs les plus éminents, aussi. Avec mes véritables pouvoirs magiques, mon spectacle, c'est cadeau !

Mon véritable talent est ailleurs. Il est dans les hurlements des femmes infidèles que je châtie, nuit après nuit. Clair de lune, vengeance, volupté…

Julie.

Non! Je ne dois pas penser à elle. Pas maintenant, alors que…

Bref.

Et si je vous faisais un petit tour de magie ?

ISBN : 979-10-94173-80-0

SUCCUBUS VENDETTA

Roman grand format

Frederic Czilinder

En ce jour caniculaire, le shérif McLaughlin ne se doute pas un seul instant que le violent trépas d'un ivrogne notoire s'apprête à faire basculer sa paisible petite ville dans l'horreur.

De son côté, les cauchemars de la jeune Hope Montgomery semblent vouloir lui révéler d'obscurs secrets, tandis qu'un individu mystérieux prend peu à peu place dans sa vie.

Pour les habitants de Dunwich, l'heure est venue de répondre de leurs péchés…

Croix de bois, croix de fer, si tu meurs, tu files en enfer !

ISBN : 978-2-38618-040-8

COLLECTION ROMANS

LES MAÎTRES DES VICES

Roman grand format

Chloé Rovarc'h

Dans le Bas-Fond, les Maîtres des Vices survivent en tirant profit des obsessions interdites de leurs clients. Sexe, alcool, drogue… Au Purgatoire, les addictions sont reines.

Céna s'y éveille sans le moindre souvenir de son passé. Entourée par les mystérieux Maîtres des Vices, elle cherche à retrouver son identité dans cet univers où les désirs interdits sont la norme. Mais sont-ils véritablement ses alliés ?

C'est alors qu'un message la conduit sur la piste de son frère aîné…

Plongez dans un monde post-apocalyptique, où chaque obsession a un prix.

POUR PUBLIC AVERTI

ISBN : 978-2-38618-008-8

LE CRÉPUSCULE DES ONIS

Roman grand format

Julien Schneider

Dans le Japon de l'ère Meiji, où magie et créatures fantastiques sont désormais oubliées, un samouraï déchu refuse de se plier aux lois modernes.

Haruto, désormais vagabond, erre dans les rues de Matsue, son katana à ses côtés, et rabâche ses souvenirs d'un passé rempli de kamis et de sortilèges. Lorsqu'une jeune inconnue et son enfant sont menacés par des yakuzas devant ses yeux, Haruto se dresse en protecteur. Il plonge alors au cœur d'un conflit dangereux, où machinations humaines et forces surnaturelles se mêlent.

Pour lui, le temps est venu d'affronter les ténèbres…

ISBN : 978-2-38618-056-9

MA VIE DE FANTÔME

Roman grand format

Franzo Pizarro

Du paranormal.

Voilà ce que le clan Benett chasse, alors que l'orage s'abat sur le pare brise de leur jeep et qu'ils roulent de nuit, en direction de la frontière canadienne.

Contraints de faire une halte, ils sont accueillis à bras ouverts par la communauté de Townwood, une charmante petite ville au fond des bois.

Lucas Benett, l'adolescent tourmenté et cynique de la famille, fait alors la rencontre du beau Tyler.

Celui-ci va bouleverser leur existence à tout jamais…

ISBN : 978-2-38618-000-2

LA CUVE

Roman grand format

Lucas & Malo Guyon

La Cuve est Mère de toute chose ; autrefois néant, aujourd'hui une ville.

En son sein humide et étouffant, des passants foulent ses pavés grisâtres tout en respectant scrupuleusement des règles strictes. Sur cette grande scène chargée de fumée et d'amertume, la Cuve façonne d'anonymes citoyens pour en faire des figures : des pantins maudits qui la divertissent.

Mais voilà que trois monstres masqués laissent derrière eux un sillage sanglant. Chargé de l'enquête, le Détective s'élance à leur poursuite.

Au risque de dévoiler les secrets les plus inquiétants de la Cuve…

ISBN : 978-2-38618-037-8

LE DOMAINE DES INNOCENTS

Roman grand format

Thomas Thilliez

Le Domaine des Innocents.

Un complexe en ruines gigantesque, perdu au fond des bois.

Derrière ses murs de béton lézardés se déploie un labyrinthe étrange, aux méandres mystérieux.

Victoire se doit d'y pénétrer, pour retrouver sa nièce disparue.

On sait quand on y entre.

On ne sait jamais quand on en sort…

« Un jeune maître de l'horreur francophone, à découvrir d'urgence ! »

ISBN : 978-2-38618-002-6

L'ANIMONDE

Roman grand format

Geoffrey Claustriaux

Des chats qui massacrent leurs propriétaires.

Un village envahi par les araignées.

Des orques qui s'en prennent aux navires.

Aux quatre coins du monde, les animaux, poussés par un instinct viscéral irrépressible, décident d'éradiquer l'humanité, ce cancer qui met en péril la survie de la planète.

Le continent européen n'est pas épargné par la catastrophe. Pour l'agent Shurins, de la police ukrainienne, tout comme pour l'animateur de télévision Adriano Carrisi, la journaliste Elise Emera et la troupe de scouts de Tenrec, une impitoyable course contre la montre s'engage…

Parviendront-ils à trouver un abri, avant que les humains ne soient relégués au plus bas de la chaîne alimentaire ?

ISBN : 978-2-38618-039-2

LE TUEUR DES CONTES DE FÉES

Roman grand format

Jess Kaan

Un prêtre guidé par une Foi absolue…

Un serial killer obsédé par les contes de notre enfance…

Des jeux pervers.

Un passé trouble.

À Bruxelles, des meurtres macabres déciment la jeunesse dorée.

Et si le tueur des Contes de Fées était envoyé par le diable ?

ISBN : 978-2-38618-053-8

LES SENTINELLES DU PURGATOIRE

Roman grand format

Xavier Garnotel

Le Purgatoire, aux portes de la guerre de Cent Ans.

Aux confins du Ciel et de l'Abîme, un ordre guerrier implacable veille sur les marches de l'Au-delà. Depuis leur fière citadelle, dernier bastion contre les forces du chaos, les patrouilleurs de cette guilde sacrée parcourent l'immensité des limbes pour l'éternité. Ardents défenseurs des âmes en quête d'absolution, ils pourfendent damnés et bestiaires démoniaques.

Dans les ténèbres de leurs veillées, à l'ombre des Montagnes du Péché, vétérans et nouvelles recrues se remémorent leurs rudes existences terrestres. Des secrets enfouis remontent alors à la surface, révélant des vérités qui pourraient bien changer le cours de l'éternité.

Mais, silence !

Sous leurs bottes, l'Enfer gronde…

ISBN : 978-2-38618-013-2

ENCYCLOPÉDIE DES REVENANTS ET DES NON-MORTS

Grand album avec dorure Or

Lionel Behra, Vanessa Callico & Senyphine

Quelle idée d'avoir fait une séance de spiritisme !

À présent, tout vole dans la pièce : les esprits frappeurs sont à la fête. Une belle revenante vous tend la main. Vous êtes sur le point d'entrer dans la danse…
Mais quelqu'un hurle dans le jardin : c'est peut-être une banshee, sous le clair de lune ? À moins que ce ne soit le dîner d'un vampire qui se rebiffe.
Chasser les humains, ce n'est pas de tout repos pour les créatures de la nuit.
Cela vous fait penser que lorsque vous rentrerez, il vous faudra contourner le cimetière : une charmante goule y réside. Et elle a faim…
De nombreuses créatures du monde entier sont revenues de l'Au-delà pour hanter cette encyclopédie.
De quoi frissonner à tout âge… en s'amusant !

ISBN : 979-10-94173-23-7

ENCYCLOPÉDIE DES RÊVES ET DES CAUCHEMARS

Grand album avec dorure Or

Frédéric Livyns & Juliette Amadis

Plongez dans les méandres de votre imagination avec un ouvrage magnifiquement orné qui illumine avec grâce les visions de votre inconscient. Offrez-vous un ouvrage étincelant de dorures qui sublime vos songes, dont les textes instructifs dévoilent les secrets des archétypes qui hantent vos nuits.

ISBN : 978-2-38618-006-4

Imprimé en mai 2025
pour le compte des Editions Le Héron d'Argent
par CPI France (184416)